Hallo mein Herz!

Hallo mein Herz!

Herausgegeben von Heide Hollmer

Verlag Antje Kunstmann

Hans Magnus Enzensberger:
Innenleben

Es schmilzt uns es blutet es lacht uns im Leibe
Wir tragen es auf der Zunge
Wir schütten es aus
Wir machen ihm Luft
Wir grüßen von ihm
Wir essen es in Aspik

Es ist steinern es ist weich
golden hart brennend gespickt
halb leicht tief gut oder schwer
gebraten gebrochen erweitert verfettet

Wir bringen etwas darüber und tragen etwas darunter
Wir legen die Hand darauf
Wir schließen etwas darin ein
Wir drücken etwas daran
Wir nehmen uns etwas dazu
Wir haben etwas darauf
Wir hängen es an etwas hin

Es hat Klappen Blätter und Damen
Es hat Fehler Schläge Gründe Beutel und Gruben
Anfälle Kammern und Lüste

Wir lassen uns etwas daran wachsen
und etwas darein schneiden
und etwas daran greifen

Ein Stein fällt uns davon herunter
Wir machen eine Mördergrube daraus
Wir haben es auf dem rechten Fleck

....

»Adieu«, sagte der Fuchs. »Hier mein Geheimnis.
Es ist ganz einfach: man sieht nur mit dem Herzen
gut. Das Wesentliche ist für die Augen unsichtbar.«
(Antoine de Saint-Exupéry)

Mißtrauen wir dem Volke, dem gesunden
Menschenverstand, dem Herzen, der Inspiration,
und dem Augenschein.
(Charles Baudelaire)

Man soll sein Herz festhalten; denn läßt man es gehn,
wie bald geht Einem da der Kopf durch!
(Friedrich Nietzsche)

Das Herz ist ein Muskel, Maske.
(Carl Sternheim)

....

Dein ist mein ganzes Herz

Heinrich von Kleist:
Mein Jettchen, mein Herzchen

....

Mein Jettchen, mein Herzchen, mein Liebes, mein Täubchen, mein Leben, mein liebes süßes Leben, mein Lebenslicht, mein Alles, mein Hab und Gut, meine Schlösser, Äcker, Wiesen und Weinberge, o Sonne meines Lebens, Sonne, Mond und Sterne, Himmel und Erde, meine Vergangenheit und Zukunft, meine Braut, mein Mädchen, meine liebe Freundin, mein Innerstes, mein Herzblut, meine Eingeweide, mein Augenstern, o, Liebste, wie nenn ich Dich? Mein Goldkind, meine Perle, mein Edelstein, meine Krone, meine Königin und Kaiserin. Du lieber Liebling meines Herzens, mein Höchstes und Teuerstes, mein Alles und Jedes, mein Weib, meine Hochzeit, die Taufe meiner Kinder, mein Trauerspiel, mein Nachruhm. Ach Du bist mein zweites besseres Ich, meine Tugenden, meine Verdienste, meine Hoffnung, die Vergebung meiner Sünden, meine Zukunft und Seligkeit, o, Himmelstöchterchen, mein Gotteskind, meine Fürsprecherin und Fürbitterin, mein Schutzengel, mein Cherubim und Seraph, wie lieb ich Dich! –

(Berlin, November 1811)

Anonym:
Beschlossen in meinem Herzen

Dû bist mîn, ich bin dîn.
des solt dû gewis sîn.
  dû bist beslozzen
  in mînem herzen,
verlorn ist daz sluzzelîn:
dû muost ouch immêr darinne sîn.

(12. Jh.)

Heiner Müller:

Herzstück

EINS Darf ich Ihnen mein Herz zu Füßen legen.

ZWEI Wenn Sie mir meinen Fußboden nicht schmutzig machen.

EINS Mein Herz ist rein.

ZWEI Das werden wir ja sehn.

EINS Ich kriege es nicht heraus.

ZWEI Wollen Sie daß ich Ihnen helfe.

EINS Wenn es Ihnen nichts ausmacht.

ZWEI Es ist mir ein Vergnügen. Ich kriege es auch nicht heraus.

EINS heult

ZWEI Ich werde es Ihnen herausoperieren. Wozu habe ich ein Taschenmesser. Das werden wir gleich haben. Arbeiten und nicht verzweifeln. So, das hätten wir. Aber das ist ja ein Ziegelstein. Ihr Herz ist ein Ziegelstein.

EINS Aber es schlägt nur für Sie.

ROBERT GERNHARDT:
Mein sei mein ganzes Herz

....

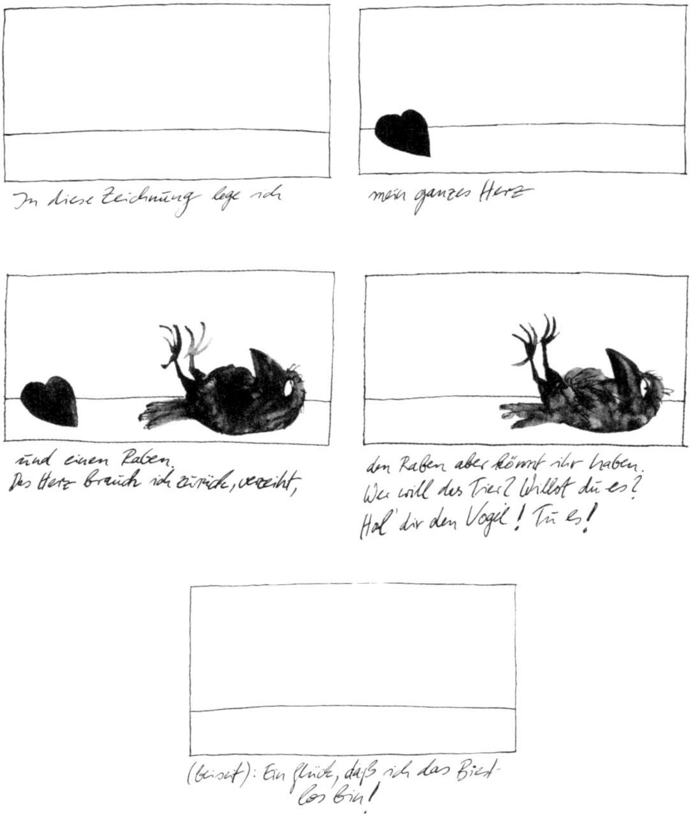

ANAÏS NIN:
Das Herz mit den vier Kammern

....

Um mit ihr zu verschmelzen, war es für Rango notwendig, jeden Unterschied auszulöschen.

Mochten sie also gemeinsam die Vergangenheit verbrennen, die er als Bedrohung ihrer Einheit ansah.

Er drängte das Bild von Paul in eine andere Kammer ihres Herzens – in eine abgeschlossene Kammer, die ohne Zugang zu der Kammer war, in der Rango wohnte – ein Ort in einer dunklen Nische, wo die ewige Liebe strömt... in einem Reich, das sich so sehr von dem unterschied, in dem Rango lebte, daß sich die beiden in den endlosen Städten der inneren Welten nie begegnen, nie aufeinanderprallen würden.

»Das Herz... ist ein Organ... mit vier Kammern... Eine Wand trennt die Kammern der linken Seite von denen der rechten Seite. Und zwischen ihnen ist keine direkte Verbindung möglich...«

Pauls Bild wurde verfolgt. Es verbarg sich in der Kammer der Zartheit, als Rango es mit seiner Vernichtung aller Bücher vertrieb, die Paul und sie gemeinsam gelesen hatten....

»Was hat deinen Glauben an die Liebe zerstört, Rango? Du wurdest nie betrogen.«

»Ich kann mich nicht damit abfinden, daß du jemanden geliebt hast, bevor du mich kanntest.«

Djuna schwieg. Sie hielt die Eifersucht auf die Vergangenheit für unbegründet. Für sie waren die wertvollsten Besitztümer und Zärtlichkeiten in den dunklen Tiefen des Herzens eingelagert. Sie besaßen nicht die Macht, sich wiederzubeleben und in die hellen Räume der Gegenwart einzudringen. Sie lagerten verpackt und verschnürt in Dämmer und Staub. Und wenn ein früherer Freund ein altes Gefühl wieder hervorrief, dann geschah es nur für einen kurzen Moment – flüchtig und schwach wie ein Echo. Die Zeit trägt die unauslöschlichsten Erlebnisse hinweg. Sie verblassen und verstummen auf dem Styx verschwundener Welten. Der Körper besitzt Kernzonen und Randbezirke; und auf geheimnisvolle Weise hält er Eindringlinge in den Randzonen fest. Eine Million Zellen schützen den Kern einer tiefen Liebe vor gespenstischen Invasionen, vor jedem Aufflackern einer vergangenen Liebe.

Eine intensive und lebendige Gegenwart war der beste Exorzist der Vergangenheit.

Deshalb lachte Djuna jedesmal, wenn Rangos inquisitorische Suche in ihrer Erinnerung begann und er erwartete, einen Eindringling zu finden, den er dann bekämpfen wollte. »Deine Eifersucht ist Leichenschändung. Du öffnest Gräber!«

»Aber du liebst die Toten sehr! Ich bin sicher, du bringst ihnen jeden Tag Blumen.«

»Ich war heute nicht auf dem Friedhof, Rango!«

Er schien zu glauben, daß Kelda immer noch nicht begriff, was er ihr sagte, denn er erklärte: »Das Ziel einer jeden Geliebten ist es, soviel wie möglich von ihrem Gönner zu bekommen. Beide kommen überein, keine Bitterkeit aufkommen zu lassen und auf Vorwürfe zu verzichten, wenn ihre Beziehung zu Ende ist. Der Mann bezahlt für das Vergnügen, das er gehabt hat, das ist alles. Es gibt kein dramatisches Ende.«

»Und – Antoinette macht es nichts aus, Sie – zu verlieren?«

Lord Orsett verstand ihre Frage, obwohl sie sehr leise gesprochen hatte.

»Ich glaube nicht, daß sie meinetwegen auch nur eine Träne vergießen wird«, antwortete er lächelnd. »Es würde mich tatsächlich nicht wundern, wenn sie gerade mit ihrem jungen Mann feierte, daß ihre Hochzeit sofort stattfinden kann, aufgrund der großen Geldsumme, die ich ihr heute nachmittag gab.«

»Ich – ich verstehe das alles nicht«, sagte Kelda wie zu sich selbst.

Es war ihr unmöglich, noch länger dazusitzen und Lord Orsett zuzuhören; sie stand auf, ging zum Fenster und schob den Vorhang ein wenig zur Seite, um hinauszusehen. Das Fenster war nicht ganz geschlossen. Obwohl es kühler war als tagsüber, war die Nachtluft immer noch warm und feucht.

Das Mondlicht stand silbern über dem Meer, und die Sterne funkelten am Himmel.

Aber Keldas Aufmerksamkeit war stärker auf das gerichtet, was in ihrem Herzen vorging. Sie fragte sich, wie es kam, daß bei Lord Orsetts Worten die schwere Last plötzlich von ihr wich, die immer größer geworden war und sie fast zu ersticken drohte.

Während sie so dastand, spürte sie plötzlich, daß Lord Orsett hinter sie getreten war.

»Nun, ich habe meine Erklärungen abgegeben«, sagte er ruhig, »und ich fände es richtig, wenn auch Sie mir zwei Dinge erklärten.«

»Was – was meinen Sie?«

»Ich meine erstens, warum Sie geweint haben, und zweitens, warum Sie zu mir gesagt haben, auch eine Frau hätte ein Herz.«

Seine ruhige und freundliche Stimme bewegte Kelda so, daß sie nicht sprechen konnte.

Nach einer kleinen Pause fuhr er fort: »Ich habe immer geglaubt, Frauen mit Herz gäbe es nur in der romantischen Literatur. Wie ich Ihnen gerade erklärt habe, haben die Frauen, die ich kannte, mich nur benutzt, um ihre Ziele zu verwirklichen. Es ist daher nicht verwunderlich, daß ich ›teuflisch‹ geworden bin, wie Sie es einmal nannten.«

»Es tut mir leid, daß – ich das gesagt habe«, murmelte Kelda. »Das stimmt nicht.«

»Auch eine Frau hat ein Herz«, wiederholte er nachdenklich. »Ich würde gern einmal etwas davon spüren. Haben Sie ein Herz, Kelda?«

»Das hoffe ich.«

»Ich meine das natürlich in bezug auf mich. Was empfinden Sie für mich?«

Kelda erschien es unmöglich, darauf etwas zu sagen, und während sie verzweifelt nach einer Antwort suchte, fuhr Lord Orsett fort: »Ich hatte eigentlich erwartet, daß Sie den Generalgouverneur heiraten würden; schließlich ist seine Stellung viel bedeutender als meine. Außerdem ist es wahrscheinlich, daß er früher stirbt und er Sie dann als reiche Witwe hinterlassen hätte.«

»Glauben Sie wirklich, daß ich an so etwas denken würde?«

»Bei Ihnen vermute ich das eigentlich nicht«, antwortete

Lord Orsett. »Aber ich bin sicher, daß die meisten Frauen so denken.«

»Nur die Frauen, die Sie früher kennengelernt haben«, warf Kelda ein. »Ich glaube, daß eine Frau einen Mann lieben will, und zwar – als Menschen, nicht wegen dem, was er ihr materiell bieten kann.«

»Kennen Sie viele solcher Frauen?«

»Yvette würde nie des Geldes wegen heiraten. Sie hätte Rémy auch genommen, wenn er keinen roten Heller besäße.«

»Und sind Sie wie Yvette?« Als Kelda schwieg, sagte er: »Aber Sie haben meine Frage von vorhin noch nicht beantwortet.«

»Ich weiß nicht mehr, was Sie mich gefragt haben«, entgegnete Kelda fast trotzig.

»Sie sind keine gute Lügnerin«, stellte Lord Orsett fest. »Heute morgen bei unserem Ausritt merkte ich sofort, daß Sie beunruhigt, ängstlich und nervös waren. Ich gebe zwar zu, daß ich den Grund dafür nicht erriet, aber ich wußte, was Sie empfanden.«

Obwohl er recht hatte, stimmte Kelda ihm nicht zu. Er aber fuhr fort: »Als wir zur Trauung fuhren, hatten Sie Angst, und das konnte ich gut verstehen. Auf dem Rückweg verschwand Ihre Furcht allmählich, und beim Mittagessen waren Sie fast glücklich. Ich konnte spüren, wie dieses Glücksgefühl zu mir herüberströmte. Sie schienen das Gefühl zu haben, daß Sie endlich gefunden hatten, was Sie schon lange suchten, etwas, was alles in Ihrem Innern veränderte.«

Was er sagte, überraschte Kelda sehr, und sie wandte sich zu ihm um.

Im Schein der Kerzen und im Licht des Mondes, der durch das Fenster schien, entdeckte sie einen Ausdruck in seinen Augen, der sie zwang, nicht wegzusehen, und der ihr Herz heftig klopfen ließ.

»Aber dann kam Antoinette«, sagte Lord Orsett sehr ruhig,

»und als ich in den Speisesaal zurückkehrte, fühlten Sie sich unglücklich. Als Sie mir sagten, auch eine Frau hätte ein Herz, versagte Ihnen fast die Stimme.«

Während er sprach, trat er noch ein wenig näher zu ihr, und immer noch konnte Kelda den Blick nicht von ihm abwenden.

»Dann weinten Sie«, fuhr er fort, »Tränen, die von Herzen kamen. Denn ich bin sicher, daß Sie ein Herz haben, und ich würde gern glauben können, daß es mir gehört.«

Wieder klang seine Stimme sehr sanft und unwiderstehlich. Kelda spürte, wie ihr die Tränen in die Augen traten und über die Wangen liefen, ohne daß sie etwas dagegen tun konnte. Sie versuchte, sich abzuwenden, aber Lord Orsett hatte den Arm um sie gelegt.

»Weinst du meinetwegen, Kelda?« fragte er. »Dann sind deine Tränen sehr kostbar.«

Sie konnte nicht sprechen. Sie konnte nur den Kopf an seine Schulter lehnen; er spürte, daß sie am ganzen Körper zitterte.

Seine Lippen berührten ihr Haar, als er sagte: »Ich möchte dein Herz besitzen, Kelda. Ich begehre es mehr, als ich je zuvor in meinem Leben etwas begehrt habe, aber ich habe solche Angst davor, wieder enttäuscht zu werden.«

Der Schmerz und die Angst in seiner Stimme, die sie bei einem Mann wie ihm nie erwartet hätte, ließen sie ihre eigene Angst vergessen.

»Du – du sehnst dich nach mir?« fragte sie. »Du sehnst dich ganz bestimmt nach mir?«

»Es ist schwierig, dir zu sagen, wie sehr.«

»Sie ist doch so schön! Ich dachte, ich – ich könnte dir nie etwas bedeuten.«

Lord Orsett lächelte Kelda zärtlich an. »Ich habe versucht, dir zu erklären, warum ich viele Jahre lang niemanden geliebt habe. Was ich für dich empfinde, ist etwas ganz anderes, als ich jemals empfunden habe.«

»Ist das wahr?« Kelda sah zu ihm auf. Über ihre Wangen liefen noch immer Tränen, aber ihre Augen leuchteten und ihre Lippen bebten.

»Ich liebe dich«, sagte Lord Orsett mit fester Stimme. »Ich habe dich vom ersten Augenblick an, als ich dich sah, geliebt. Aber ich sagte mir, daß diese Liebe doch nur wieder eine Illusion war, die keine Chance hatte, von dir erwidert zu werden, es sei denn, daß du mich wegen meines Reichtums wolltest.«

»Wie konntest du glauben, daß – daß das für mich eine Rolle spielt?«

Er sah sie mit einem kleinen Lächeln an. »Sag mir die Worte, die ich hören möchte. Sag sie mir, mein Liebling.«

Ihre Wangen verfärbten sich, als sie mit so leiser Stimme, daß er sie kaum hören konnte, flüsterte: »Ich – ich liebe dich. Ich weiß jetzt, daß das der Grund war, weswegen ich weinte. Ich dachte, ich – ich hätte dich verloren und du würdest – mich – nie wirklich brauchen.«

Bei den letzten Worten spürte Kelda Lord Orsetts Lippen auf ihrem Mund. Dann küßte er sie. Und sie wußte, daß es das war, was sie sich gewünscht, weswegen sie geweint und wonach sie sich gesehnt hatte.

Das Licht des Mondes und das Leuchten der Sterne, der Duft der Blumen, der sie umgab, und der strahlende Sonnenschein von Dakar bei Tage – all das strömte für Kelda in diesem Kuß zusammen, in seinem Kuß.

Herz oder Kopf?

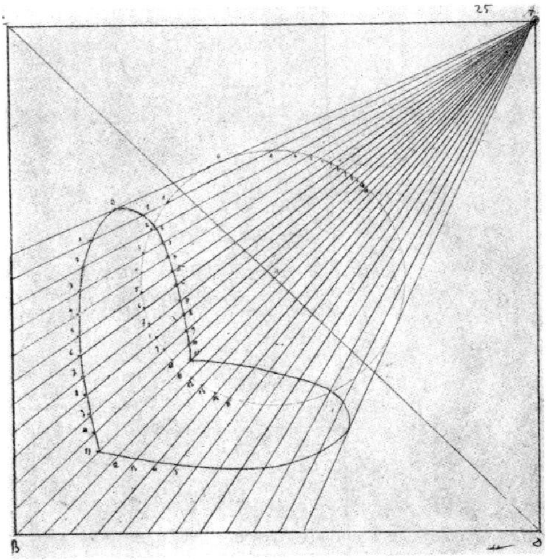

Das ausgeschachtete Herz,
darin sie Gefühl installieren.
(Paul Celan)

Susanna Tamaro: *Plädoyer für das Herz*

....

Indem sie ihrem Geist eine übermäßige Strenge auferlegte, hatte Ilaria in sich die Stimme des Herzens erstickt. Durch die vielen Diskussionen mit ihr hatte sogar ich Angst bekommen, dieses Wort auszusprechen. Einmal, als sie noch ein sehr junges Mädchen war, hatte ich zu ihr gesagt: Das Herz ist der Sitz des Geistes. Am nächsten Morgen hatte ich auf dem Küchentisch das bei dem Stichwort Geist – *spirito* – aufgeschlagene Lexikon gefunden, eine Definition war mit Rotstift unterstrichen: farblose Flüssigkeit, zum Konservieren von Obst geeignet.

Heutzutage denkt man bei Herz gleich an etwas Naives, an Dutzendware. In meiner Jugend war es noch möglich, es ohne Verlegenheit zu erwähnen, jetzt dagegen ist es ein Ausdruck, den niemand mehr benutzt. Wenn einmal davon die Rede ist, dann nur in bezug auf etwaige Funktionsstörungen: Es geht nicht um das Herz in seiner Gesamtheit, sondern nur um eine Blutleere der Herzkranzgefäße, ein leichtes Arterienleiden; aber von ihm selbst, davon, daß es der Sitz der menschlichen Seele ist, wird nicht mehr gesprochen. Sehr oft habe ich mich nach dem Grund für diese Ächtung gefragt. »Wer auf sein Herz vertraut, ist ein Tor«, sagte Augusto oft, die Bibel zitierend. Warum sollte er ein Tor sein? Vielleicht weil sein Herz einer Brennkammer ähnelt? Weil Dunkel herrscht dort drinnen, Dunkel und Feuer? Der Verstand ist so modern wie das Herz alt. Wer auf das Herz hört – denkt man dann –, steht dem Tierreich nahe, dem Unkontrollierten, wer auf den Verstand hört, ist den höchsten Geistesdingen nahe. Und wenn es nun gar nicht so wäre, wenn eher das Gegenteil stimmte? Wenn gerade durch dieses Übermaß an Vernunft das Leben verarmte?

Die Philosophische Kugel oder das Wunder-Auge der Ewigkeit.

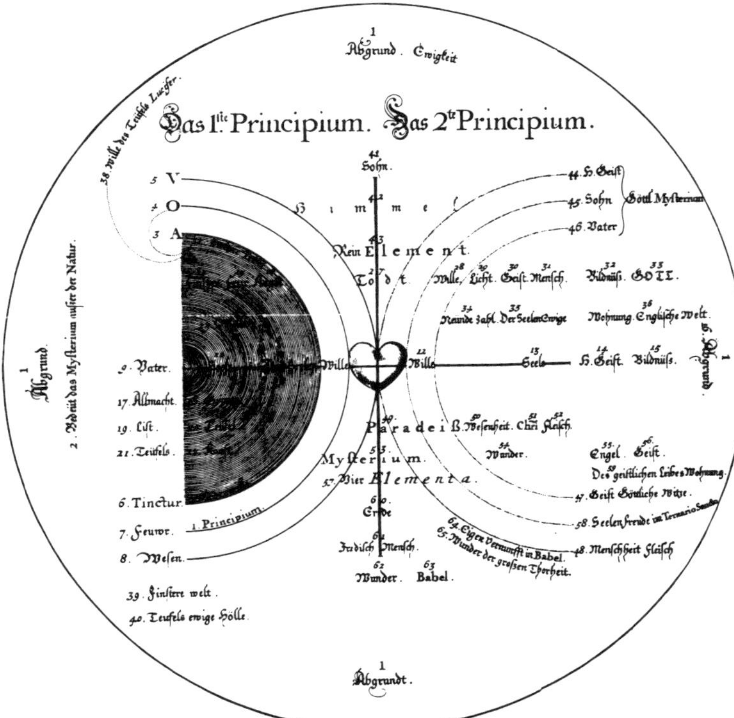

Matthias Claudius:
Eine Abhandlung vom menschlichen Herzen, sehr kurios zu lesen

....

Das Herz ist ein klein Glied, richtet aber viel Gutes und groß Übel an; aus ihm kommen hervor gute und schlechte Verse, Grabschriften und Sonaten, Komödien et cetera, Eklogen u. skurrilische Briefe – Es ist der Amboß, auf dem die Bosheit ihre Pfeile schmiedet und die Großmut ihr wohltuendes Panazee anrührt; der heilige Altar, an dem der Traurige und Betrübte sein frommes Geschrei und der Fröhliche seinen jauchzenden Lobgesang opfert; das Laboratorium der tätigen Freundschaft, und die einsiedlerische Werkstätte, wo die Liebe ihre stillen Wünsche, ihre schmachtenden Seufzer und den heimlichen süßen Gram ausbrütet und unter ihren Flügeln verbirgt. Ein Ding das so vielerlei ist, und aus dem so vielerlei hervorkommt, ist doch einer Abhandlung wohl wert....

Das menschliche Herz nun ist nicht kugelrund wie die Welt, sondern länglicht wie ein Hühnerei und darum soll auch das menschliche Gesicht, als die Schilderei, hinter der das Herz, wie das Licht bei einer Illumination, steht und durchscheint, von Rechts wegen mehr lang als rund sein; es sammelt durch die Venen das Blut aus dem ganzen Körper und gießt es durch die Arterien, die sich mit ihren feinsten Extremitäten an die Extremitäten der Venen anschließen, in alle Teile desselben aus, und mit dem Blute fahren, nachdem das Herz nun konditioniert ist, gute und große Gesinnungen, wie wohltätige Geister durch die Arterien in alle Teile des Körpers hin, bilden im Auge einen offenen graden Blick, und eine heitere ruhige Miene im Antlitz, gießen auf ihrem ganzen Wege aus dem Horn des Überflusses belohnende Empfindungen aus, und kehren durch die Venen friedlich mit dem Blut zum Herzen zurück, ihr Horn von neuem zu füllen, oder es reißen sich mit dem Blut Furien heraus, die in jeder kleinsten Ader ihr Schlangenhaupt fürchterlich schütteln, allenthalben schreckliche Spuren ihrer Unruhe und ihres fressenden Gifts zurücklassen, und mit wilden Ungestüm dem Herzen wieder zustürmen....

Im Menschen ist noch eine andere Kraft; sie hat viele Namen, Überlegungskraft, Verstand, Vernunft, einige heißen sie auch Seele, und erzählen allerlei von ihr; sie soll im Kopfe wohnen, andere betten sie auch anderswohin. Im Vertrauen kann ich meine Herren Auditores versichern, daß man eigentlich gar nichts davon weiß, weder wie sie ist, noch wo sie ist, noch was sie ist....Wenn man die zwei Kräfte malen wollte, so müßte man dieser das Antlitz eines wohlgebildeten ernsten Mannes und jener ein weiches weibliches Gesicht geben....

Von Rechts wegen soll nicht die geringste Handlung ausgeführt werden, ehe diese zwo Kräfte darüber einig geworden sind. Wer physiologische Gleichnisse liebt, kann sich die Sache so vorstellen. Ehe das Blut zu Unterhaltung des Körpers ausgeteilt wird, geht es zuvor aus der rechten Herzkammer durch eine Arterie, arteria pulmonalis genannt, in die Lunge, wo die kalte Luft, die wir atmen, es abkühlt, verdünnt oder verdickt, mit einem Wort, zubereitet, denn ich mische mich in keine Streitigkeiten, aus der Lunge geht es zurück in die linke Herzkammer und von hier an sein Geschäft durch den ganzen Körper; so sollen auch die warmen Einfälle des Herzens, ehe man sie ausführt, in eine moralische Lunge gebracht und darin von dem kalten Hauch der Vernunft angeweht und geläutert werden.

Moritz Lazarus:
Herz und Kopf

....

Wir sind daran gewöhnt, von *Herz und Geist,* von diesem Gegensatze als einem selbstverständlichen zu reden, und ihm zur Seite geht so zugleich die Bezeichnung der zwei Körperteile, an welche diese seelische Verschiedenheit sich anlehnt, *Herz und Kopf.* …

Nun aber ist folgende Tatsache bemerkenswert. Alle alten Völker wissen nichts vom Kopfe; weder die Ägypter noch Inder, weder die Hebräer noch Griechen oder die Römer haben vom Kopfe in unserem Sinne, als dem Sitze geistigen Lebens, geredet. Während wir die Auffassung und Beurteilung, die Verbindung, die Erfindung und schöpferische Gestaltung der Dinge dem Kopfe zuschreiben und sogar die verschiedenen Arten geistiger Begabung, die verschiedenen Grade der Erkenntnis und Einsicht als feinen oder groben, als tiefen oder seichten, als anschlägigen oder blöden, als einen hellen oder trüben, als einen schnellen oder schweren, als einen leichten oder harten Kopf bezeichnen, kommt die Bezeichnung des *Kopfes* in all den Sprachen, deren Völker ich genannt habe, nicht vor, sondern nur das Herz wird genannt, als Sitz geistiger Tätigkeit. Alles innere Leben, nicht bloß das, was wir jetzt im Gegensatz zum Geiste als Herz benennen, wird dort ins Herz verlegt, oder in die benachbarten Organe des Rumpfes. Wie bei den Hebräern die Nieren zu der Ehre gelangt sind, als Sitz – wie es nach den wenigen Stellen im Alten Testament scheint – vorzugsweise des Gewissens, aber auch sonst des Gemütes aufgefaßt zu werden, das entzieht sich einstweilen unserer Einsicht, wird ihr vielleicht, weil uns die Tatsachen fehlen, für immer verborgen bleiben.

Arthur Schopenhauer:
In Herzen steckt der Mensch, nicht im Kopf

....

Die allgemein gebrauchten und durchgängig sehr wohl verstandenen Ausdrücke Herz und Kopf sind aus einem richtigen Gefühl des fundamentalen Unterschiedes entsprungen; daher sie auch treffend und bezeichnend sind und in allen Sprachen sich wiederfinden. ... Mit vollem Recht ist das Herz, dieses *primum mobile* des tierischen Lebens, zum Symbol, ja zum Synonym des Willens, als des Urkerns unserer Erscheinung, gewählt worden und bezeichnet diesen, im Gegensatz des Intellekts, der mit dem Kopf geradezu identisch ist. Alles was, im weitesten Sinne, Sache des Willens ist, wie Wunsch, Leidenschaft, Freude, Schmerz, Güte, Bosheit, auch was man unter »Gemüt« zu verstehen pflegt, und was Homer durch φιλον ήτοϱ ausdrückt, wird dem Herzen beigelegt. Demnach sagt man: er hat ein schlechtes Herz; – er hängt sein Herz an diese Sache; – es geht ihm vom Herzen; – es war ihm ein Stich ins Herz; – es bricht ihm das Herz; – sein Herz blutet; – das Herz hüpft vor Freude; – wer kann dem Menschen ins Herz sehen? – es ist herzzerreißend, herzzermalmend, herzbrechend, herzerhebend, herzrührend; – er ist herzensgut, – hartherzig, – herzlos, herzhaft, feigherzig u. a. m. Ganz speziell aber heißen Liebeshändel Herzensangelegenheiten, *affaires de cœur,* weil der Geschlechtstrieb der Brennpunkt des Willens ist und die Auswahl in Bezug auf denselben die Hauptangelegenheit des natürlichen menschlichen Wollens ausmacht. Byron, im »Don Juan« – satyrisiert darüber, daß den Damen die Liebe, statt Sache des Herzens, Sache des Kopfes sei. – Hingegen bezeichnet der Kopf alles, was Sache der Erkenntnis ist. Daher: ein Mann von Kopf, ein kluger Kopf, feiner Kopf, schlechter Kopf, den Kopf verlieren, den Kopf oben behalten u.s.w. Herz und Kopf bezeichnet den ganzen Menschen. Aber der Kopf ist stets das Zweite, das Abgeleitete: denn er ist nicht das Zentrum, sondern die höchste Effloreszenz des Leibes. Wann ein Held stirbt, balsamiert man sein Herz ein, nicht sein Gehirn: hingegen bewahrt man gern den Schädel der Dichter, Künstler und Philosophen. So wurde in der *Academia di S. Luca* zu Rom Raffaels Schädel aufbewahrt, ist jedoch kürzlich als unecht nachgewiesen worden: in Stockholm wurde 1820 der Schädel des Cartesius in Auktion verkauft. ...

Worauf beruht die Identität der Person? – Nicht auf der Materie des Leibes: sie ist nach wenigen Jahren eine andere. Nicht auf der Form desselben: sie ändert sich im Ganzen und in allen Teilen; bis auf den Ausdruck des Blickes, an welchem man daher auch nach vielen Jahren einen Menschen noch erkennt. ... Im Herzen steckt der Mensch, nicht im Kopf.

Friedrich Nasse:
Physiognomik des Herzens

....

Sollte es nicht der Mühe wert sein, Herzen von Menschen und Tieren zu sammeln und in psychischer Beziehung zu vergleichen, wie man Schädel gesammelt und verglichen hat? Vielleicht kommen wir noch einmal dahin, ein Zusammentreffen gewisser Herzbeschaffenheiten mit gewissen psychischen Zuständen ausfindig zu machen; vielleicht erhielten wir künftig einmal eine Physiognomik des Herzens. Von manchen für den Lauf der menschlichen Dinge wichtig gewordenen Personen möchten die Herzen beachtungswerter sein als die Schädel. Schon dasjenige, was man bisher bei geringer Aufmerksamkeit auf die Krankheiten des Herzens beobachtet, zeigt uns, daß diesen Krankheiten keine kleine Rolle in der Geschichte zukomme. …

Es finden sich in den Leichen irre gewesener Personen, und zwar besonders solcher, die an Melancholie gelitten, nicht selten beträchtliche Abweichungen des Herzens von seiner regelmäßigen Beschaffenheit, wo dann offenbar wird, was während des Lebens unerkannt geblieben. …

Eben so gehört hierher, daß man bereits oft in den Leichen solcher Personen, die an der Hundswut gestorben, Regelwidrigkeiten des Herzens gefunden. Es hat ferner die Leichenöffnung schon mehrmals bei Menschen, die sich in mißmutigen Stimmungen das Leben genommen, beträchtliche Herzfehler, besonders Verwachsungen des Herzens mit dem Herzbeutel nachgewiesen. Und endlich gibt es bereits eine wichtige Reihe von Beobachtungen, wo bei Menschen, die während des Lebens der Neigung zu gewaltsamen, bösartigen Handlungen gegen andere unterworfen, und also mit einem harten, verderbten, verkehrten Herzen, im psychischen Sinne dieser Ausdrücke, begabt gewesen, welches sie denn auch zuletzt zu einem Ende auf dem Richtplatze geführt hatte, durch die Öffnung ihrer Leichen solche Abweichungen in Betreff des Baues oder der Lage des Herzens gefunden wurden, wo sich dasselbe auch körperlich verhärtet, in seinem Innern verderbt, oder auch verkehrt liegend zeigte. Auch in dem hiesigen ärztlichen Klinikum hatten wir vor kurzem Gelegenheit, die Leiche eines Mädchens zu öffnen, das von Jugend auf zum Diebstahl geneigt, wegen wiederholter Vergehen dieser Art aus hiesiger Stadt verwiesen und unter polizeiliche Aufsicht gestellt gewesen und bei dem sich, zufolge eines sehr wahrscheinlich ursprünglichen Bildungsfehlers, an der Stelle, welche sonst das Herz einnimmt, ein beträchtlicher Teil des erweiterten Magens fand, während das Herz, vom Magen verdrängt, hoch in dem oberen Teile der linken Brustseite lag. …

Bei der Maria von Medicis, der leidenschaftlichen Mutter

Ludwigs XIII., lag das Herz mit der Spitze nach der rechten Seite hin gekehrt, und der Herzbeutel war nach dieser Seite hin verknorpelt. In der Leiche des Kardinals Mazarin fand sich ein ungewöhnlich großes und mit einer kalkartigen Materie angefülltes Herz. Von bösartigen Menschen, von solchen, die zu gewaltsamen Handlungen geneigt gewesen, würden uns die Herzen wohl gerade am meisten sagen können; es gilt also, da künftig aufmerksamer zu sein. Was mag sich einst in der Brust des Einsiedlers von St. Helena bei dessen Leichenöffnung finden!

Connie Palmen:
Herz und Verstand gehören zusammen

....

Die Erinnerung an unseren Streit war noch zu frisch, als daß ich ihr hätte widersprechen können, wenn ich das in der Vergangenheit auch durchaus getan hatte. Da war es immer um Kopf und Herz gegangen und wieso sie – nicht ohne einen gewissen Stolz – folgerte, daß ich, wo sie von Intuition und Gefühl redete, immer von Analyse und Denken sprach, als wäre das minderwertiger, als hätte ich kein Herz.

Das Herz ist der am meisten geknetete, bearbeitete, ausgequetschte und betrogene Muskel, den wir haben. Wenn in unserem Jahrhundert je ein Organ des menschlichen Körpers Objekt des Betrugs und der Infiltration war, dann diese Blutpumpe. Ich verstehe nicht, daß Frauen stolz darauf sein können, als gefühlvoll und intuitiv zu gelten, wenn das nichts anderes heißt, als daß sie sich selbst der Verpflichtung entledigen, etwas deutlich zum Ausdruck zu bringen und zu erläutern. Was hat man denn von Erkenntnissen, die man nicht vermitteln kann? Wie kann man etwas begriffen haben, wenn man niemandem erläutern kann, *was* man begriffen hat?

Das Herz und das Gehirn müssen miteinander verbunden sein, denn eine Erkenntnis kann weh tun und erschüttern, und eine Liebe kann der Anfang großer Einsichten sein. Nun aber haben sie die Verbindung zwischen diesem Muskel und dem Kopf gekappt und dem Herzen nicht nur eine Selbständigkeit zugeschrieben, die es nicht besitzt, sondern es zudem noch hochgejubelt und hübsch ausstaffiert, um es anschließend mit allerhand trügerischem Tamtam den Frauen zu schenken. Darüber bin ich nicht gerade froh.

Ich lasse mich nicht mit leeren Sprüchen abspeisen.

Ich empfinde es nicht als Kompliment, wenn man mir sagt, ich sei so gefühlvoll.

Sobald man das Herz als autonom und eigensinnig betrachtet, sieht man nicht mehr, welche strikte, meinetwegen sehr persönliche Logik sich hinter einer sogenannten Leidenschaft oder einem überwältigenden Gefühl verbirgt. Herz und Verstand gehören zusammen. Das Gefühl ist vernünftig, und das Denken ist gefühlvoll.

Robert Gernhardt:
Ebbe und Flut

In meinem Kopf herrscht Ebbe,
in meinem Herzen Flut.
Kann dir nur eines sagen:
Ich bin dir ja so gut!
Ich bin dir – ja! – so gut, so gut,
ich bin – ja! – dir so gut!
Ja! Dir bin ich so gut, so gut!
Ja! Ich bin dir so gut!
Ja, ja! Ich bin dir gut, so gut,
so gut, so gut, so gut –
in meinem Kopf herrscht Ebbe …

Herzklopfen

Ich grabe die Uhr aus meiner Brust
die mein Herz war.
(Heiner Müller: Die Hamletmaschine)

Sarah Kirsch: *Zeitfresserin*

....

Habe viel Zeit schon erhalten, mal schneller mal geruhsam genützt oder vergeudet. Heute bekommt mir die Mahlzeit morgen muß ich die Nase zuhalten. Weiß nicht ob ich stark oder schwach von der Völlerei werde. Mein tapferes Herz schlägt wie eine Uhr und geht vorwärts und rückwärts kapores.

Friedrich-Karl Praetorius: *Liebe Carmen!*

....

Liebe Carmen!
Weißt Du, daß die Welt ein Zimmer ist und wir uns nur deswegen nicht sehen können, weil zwischen uns die Erdkrümmung liegt? Die Entfernung ist nämlich gar nicht so groß! Wie ich das entdeckt habe? Die Entdeckung begann mit dem Entdecken Deines Briefs in meinem Briefkasten. Wieder einmal stand ich fassungslos vor ihm und fragte mich: Wie gelangt so ein kleiner Brief, so ein winziger unscheinbarer Fetzen Papier neben Millionen anderer ähnlicher und unähnlicher Fetzen einer ähnlichen oder auch unähnlichen Substanz durch den riesengroßen Raum zwischen der Mitte Spaniens und der Mitte Deutschlands über gewaltige, rauhe Landstriche, über die Pyrenäen und Alpen in meinen winzigen Briefkasten? Sicher ist das eine Frage, von der Du meinen wirst, ich sollte sie besser der Post stellen. Ich steckte den Brief, da ich ihn, wie Du weißt, sowieso nicht verstehe, ungeöffnet in die linke Innentasche meines Jacketts, um ihn von meinem Herzen lesen zu lassen und gleichzeitig dessen wildes

Pochen über das in Bewegung gesetzte knisternde Papier nach außen hin zu verstärken. Der so nach außen übertragene Schlag meines Herzens verstärkte sich zusätzlich durch die hautnahe Berührung mit dem Gegenstand seiner Erregung, dem Brief, der nun seinerseits wieder unter dem Auge der Liebe, meinem Herzen, wie aus eigenem Antrieb noch lauter zu knistern anhob. Die auf diese Weise sich multiplizierende und potenzierende Bewegung meines Herzens hatte bald eine so äußerliche Form angenommen, daß meine ganze schöne innere Liebe nur noch wie eine körperliche Beschwerde wirkte. Man hätte meinen können, ein Specht versuchte sich durch das Innenfutter meines Jacketts in die Freiheit zu hacken, und Passanten, die mir auf dem Weg in die Stadt entgegenkamen, glaubte ich anzumerken, daß sie mir unverhüllt auf die linke Brustseite sahen. Als ich dann im Vorübergehen auf einer Tageszeitung die Überschrift »Die Welt in Angst« las, war ich fest davon überzeugt, daß sich nun endlich die Spitze des Spechtschnabels nach außen befreit hatte und mein blutiges Herz für jedermann sichtbar frei vor sich hin pochte. Ich fragte mich, was meine Liebe zu Dir, Carmen, mit der »Welt in Angst« zu tun hatte, und fand es äußerst undifferenziert von meinem Herzen, zu so verschiedenen Melodien im gleichen lauten Takt zu schlagen. Ich muß Dir ehrlich sagen, mir gerieten meine Liebe und meine Welt in Angst, aus der eine Angst vor der Welt wurde, völlig durcheinander, und ich wußte bald nicht mehr, ob ich Angst vor Dir und unserer toten verbrannten Liebe hatte oder ob ich in unendlicher Liebe zu dem purpurroten Himmel, der sich gleich einem verliebten Atompilz schützend über mich legte, aufgehen sollte.

Ich verließ die Stadt und schlich etwas geduckt unter dem schweren Himmel über das Feld. Dort, wo der Himmel am weitesten war, blieb ich stehen, holte den Brief hervor und hielt ihn zum Größenvergleich in den leeren Raum. Fazit: So viel größer als Dein Brief ist der Himmel gar nicht.

Erich Fried:
Der Weg zu dir

Die Kilometer
haben Beine bekommen
die Sieben Meilen
haben Stiefel bekommen
Die Stiefel laufen alle
davon zu dir

Ich will ihnen nachlaufen
da stützt mein Herz sich auf meinen
geschnitzten Stock
und hüpft
und hüpft außer Atem
den ganzen Weg bis zu dir hin

Nach jedem Sprung
fällt es auf Wirklichkeit
(so bin ich immer wieder
fast hingefallen
in deinem Garten
auf den Stufen zu dir hinauf)

Jedes Mal wenn es fällt
schlägt es auf
wie mein Stock auf die Stufen
Hörst du ihn klopfen?
Hörst du mein Herz klopfen lauter
als meinen Stock?

Johann Wolfgang von Goethe: *Willkommen und Abschied*

Es schlug mein Herz, geschwind zu Pferde!
Es war getan fast eh gedacht.
Der Abend wiegte schon die Erde,
Und an den Bergen hing die Nacht;
Schon stand im Nebelkleid die Eiche,
Ein aufgetürmter Riese, da,
Wo Finsternis aus dem Gesträuche
Mit hundert schwarzen Augen sah.

Der Mond von einem Wolkenhügel
Sah kläglich aus dem Duft hervor,
Die Winde schwangen leise Flügel,
Umsausten schauerlich mein Ohr;
Die Nacht schuf tausend Ungeheuer,
Doch frisch und fröhlich war mein Mut:
In meinen Adern welches Feuer!
In meinem Herzen welche Glut!

Dich sah ich, und die milde Freude
Floß von dem süßen Blick auf mich;
Ganz war mein Herz an deiner Seite
Und jeder Atemzug für dich.
Ein rosenfarbnes Frühlingswetter
Umgab das liebliche Gesicht,
Und Zärtlichkeit für mich – ihr Götter!
Ich hofft' es, ich verdient' es nicht!

Doch ach, schon mit der Morgensonne
Verengt der Abschied mir das Herz:
In deinen Küssen welche Wonne!
In deinem Auge welcher Schmerz!
Ich ging, du standst und sahst zur Erden
Und sahst mir nach mit nassem Blick:
Und doch, welch Glück, geliebt zu werden!
Und lieben, Götter, welch ein Glück!

Brüder Grimm:
Agilulf und Theudelind

Nach Autharis (Vetaris) Tode ließen die Longobarden Theudelind, die königliche Witwe, die ihnen allen wohlgefiel, in ihrer Würde bestehen, und stellten ihr frei: welchen sie wollte, aus dem Volk zu wählen, den würden sie alle für ihren König erkennen. Sie aber berief Agilulf, Herzog von Taurin, einen tapfern, kriegerischen Mann, und reiste ihm selbst bis nach Laumell entgegen. Gleich nach dem ersten Gruß ließ sie Wein schenken, trank selber, und reichte das übrige dem Agilulf hin. Als er nun beim Empfang des Bechers ehrerbietig die Hand der Königin küßte, sprach sie lächelnd und errötend: »Der braucht mir nicht die Hand zu küssen, welcher mir seinen Kuß auf den Mund geben soll.« Hierauf ließ sie ihn zum Kuß, und tat ihm den gefaßten Entschluß kund; unter allgemeinem Frohlocken wurde bald die Hochzeit begangen, und Agilulf von allem versammelten Volk zum König angenommen.

Unter der weisen und kräftigen Herrschaft dieses Königes

stand das Reich der Longobarden in Glück und Frieden: Theudelind, seine Gemahlin, war schön und tugendsam. Es begab sich aber, daß ein Jüngling aus dem königlichen Gesinde eine unüberwindliche Liebe zu der Königin faßte, und doch, seiner niedern Abkunft halben, keine Hoffnung nähren durfte, jemals zur Befriedigung seiner Wünsche zu gelangen. Er beschloß endlich das Äußerste zu wagen, und wenn er sterben müsse. Weil er nun abgemerkt hatte, daß der König nicht jede Nacht zu der Königin ging, so oft er es aber tat, in einen langen Mantel gehüllt, in der einen Hand eine Kerze, in der andern ein Stäblein tragend, vor das Schlafgemach Theudelindens trat, und mit dem Stäblein ein oder zwei Mal vor die Türe schlug, worauf alsbald geöffnet, und ihm die Kerze abgenommen wurde; so verschaffte er sich einen solchen Mantel, wie er denn auch von Gestalt genau dem Könige gleich kam.

Eines Nachts wickelte er sich in den Mantel, nahm Kerze und Stäblein zur Hand, und tat zwei Schläge an die Türe des Schlafzimmers; sogleich ward ihm von der Kämmerin aufgetan, die Kerze abgenommen, und der Diener gelangte wirklich in das Bett der Königin, die ihn für keinen andern, als ihren Gemahl hielt. Indessen fürchtete er, auf solches Glück möge schnelles Unheil folgen, machte sich daher bald aus den Armen der Königin, und gelangte auf dieselbe Weise, wie er gekommen war, unerkannt in seine Schlafstube zurück.

Kaum hatte er sich entfernt, als sich der König selbst vornahm, diese Nacht seine Gemahlin zu besuchen, die ihn froh empfing, aber verwundert fragte: Warum er gegen seine Gewohnheit, da er sie eben erst verlassen, schon wieder zu ihr kehre? Agilulf stutzte, bildete sich aber augenblicklich ein, daß sie durch die Ähnlichkeit der Gestalt und Kleidung könne getäuscht worden sein; und da er ihre Unschuld deutlich sah, gab er als ein verständiger Mann sich nicht bloß, sondern antwortete: »Traut ihr mir nicht zu, daß, nachdem ich einmal bei euch gewesen, ich nicht noch einmal zu euch kommen möge?« worauf sie versetzte: »Ja, mein Herr und Gemahl, nur ich bitte euch, daß ihr auf eure Gesundheit sehen möget.« »Wenn ihr mir so ratet«, sprach Agilulf, »so will ich euch folgen, und dies Mal nicht weiter bemühen.« Nach diesen Worten nahm der König seinen Mantel wieder um, und verließ voll innerem Zorn und Unwillen, wer ihm diesen Schimpf zugefügt habe, das Gemach der Königin. Weil er aber richtig schloß, daß einer aus dem Hofgesinde der Täter sein müßte, und noch nicht aus dem Hause habe gehen können, so beschloß er auf der Stelle nachzuspüren, und ging mit einer Leuchte in einen langen Saal, über dem Marstall, wo die ganze Dienerschaft in verschiedenen Betten schlief. Und indem er weiter bedachte, dem, der es vollbracht, müßte noch das Herz viel stärker schlagen, als den andern: so trat der König der Reihe nach zu den Schlafenden, legte ihnen die Hand auf die Brust, und fühlte, wie ihre Herzen schlugen. Alle aber lagen in tiefer Ruhe, und die Schläge ihres Bluts waren still und langsam, bis er sich zuletzt dem Lager dessen näherte, der es wirklich verübt hatte. Dieser war noch nicht entschlafen, aber als er den König in den Saal treten gesehn, in große Furcht geraten, und glaubte gewiß, daß er umgebracht werden sollte; doch tröstete ihn, daß er den König ohne Waffen erblickte, schloß daher, wie jener näher trat, fest die Augen und stellte sich schlafend. Als ihm nun der König die Hand auch auf die Brust legte, und sein Herz heftig pochen fühlte, merkte er wohl, daß dieser der Täter war, und nahm, weil er bis auf den Tag verschieben wollte, was er mit ihm zu tun Willens hatte, eine Schere, und schnitt ihm von der Seite über dem Ohr eine Locke von den langen Haaren ab. Darauf ging der König weg, jener aber, der listig und sinnreich war, stand unverzüglich auf, schnitt jedem seiner Schlafgesellen auf derselben Seite eine Locke mit der Schere, und legte sich hernach ganz ruhig nieder in sein Bett und schlief. Morgens in aller Frühe, bevor die Tore der Burg eröffnet wurden, befahl der König sämtlichem

Gesinde, in seiner Gegenwart zu erscheinen, und begann, sie anzusehen, um denjenigen, den er geschoren hatte, darunter auszufinden. Da er aber erstaunt sahe, daß den meisten unter ihnen auf derselben Stelle die Locke fehlte, sagte er zu sich selbst: »Der, den ich suche, ist von niederer Herkunft, aber gewiß von klugem Sinn«, und sogleich erkennend, daß er ihn ohne großes öffentliches Ärgernis nicht mehr finden werde, sprach er laut zu ihnen allen: »Wer es getan hat, schweige, und tue es nimmermehr!« Bei diesen Worten des Königs sahen sich alle Diener einander verwundert an, und wußten nicht, was sie bedeuteten; außer dem einen, der das Stück begangen hatte, welcher klug genug war, sein Lebelang nichts davon laut werden zu lassen, und sich an dem Glück zu genügen, das ihm widerfahren war.

Das Bild des Innern eines Menschen, der der Sünde dient und den Teufel in sich herschen läßt.

Edgar Allan Poe:
Das verräterische Herz

....

Wahrhaftig! – reizbar – sehr, fürchterlich reizbar waren meine Nerven gewesen, und sie sind es noch; doch warum meinen Sie, ich sei verrückt? Das Leiden hat meine Sinne geschärft – und keineswegs zerrüttet oder abgestumpft. Schier unvergleichlich scharf war mein Gehörssinn. Ich hörte alle Dinge im Himmel und auf Erden. Ich hörte viele Dinge in der Hölle. Wie? – bin ich darum verrückt? Geben Sie acht! und merken Sie auf, wie grundgesund – wie ruhig ich Ihnen die ganze Geschichte erzählen kann.

Wie der Gedanke zum erstenmal in mein Hirn drang, läßt sich unmöglich sagen; doch nachdem ich ihn einmal gefaßt, verfolgte er mich ständig Tag und Nacht. Ein Zweck war nicht dabei. Auch keine Leidenschaft. Ich mochte den alten Mann gern. Er hatte mir niemals Unbill zugefügt. Er hatte mich nie beleidigt. Nach seinem Geld gelüstete mich's nicht. Ich denke, es war sein Auge! ja, das war's! Er hatte das Auge eines Geiers – ein blaßblaues Auge mit einem Häutchen darüber. Sooft dessen Blick auf mich fiel, überlief es mich kalt; und so kam ich denn nach und nach – ganz langsam und allmählich – zu dem Entschluß, dem alten Mann das Leben zu nehmen und somit des Auges auf immer ledig zu werden.

Hier liegt nun der springende Punkt. Sie meinen, ich sei verrückt. Verrückte sind Wirrköpfe. Nun, da hätten Sie aber einmal *mich* sehen sollen! Sie hätten sehen sollen, wie klug ich vorging – mit welcher Vorsicht – mit welch weiser Voraussicht – mit welcher Verstellung ich zu Werke ging! Nie war ich freundlicher zu dem alten Manne denn während der einen ganzen Woche, eh' ich ihn mordete. Und jede Nacht, um Mitternacht, drückt' ich die Klinke seiner Türe nieder und öffnete sie – oh, so sanft! Und wenn ich sie dann so weit geöffnet, daß mein Kopf hindurchpaßte, steckte ich eine Blendlaterne hinein – die ganz dicht geschlossen war, so daß kein Schein nach außen dringen konnte – und dann den Kopf hinterher. Oh, wenn Sie gesehen hätten, wie listig ich das anfing, – Sie hätten lachen müssen! Ich bewegte ihn ganz langsam – ganz, ganz langsam – um ja den alten Mann nicht im Schlafe zu stören. Es kostete mich eine Stunde, bis ich den Kopf zur Gänze so weit durch die Öffnung gebracht hatte, daß ich den Alten sehen konnte, wie er auf seinem Bette lag. Ha! – wäre wohl ein Verrückter so klüglich verfahren? Und dann, wenn ich den Kopf so recht im Raume hatte, blendete ich behutsam die Laterne auf – oh, so behutsam – behutsam (denn die Scharniere knarrten) blendete ich sie grad so weit auf, daß ein einziger dünner Strahl auf das Geierauge fiel. Und dieses tat ich sieben lange Nächte lang – stets just um Mitternacht – doch immer fand ich das Auge geschlossen; und so war es unmöglich, zu Werke zu gehen; denn es war ja nicht der alte Mann, der mich quälte, es war sein Böses Auge, war sein Böser Blick. Und jeden Morgen, wenn der Tag dann anbrach, ging ich kühn in seine Kammer und unterhielt mich dreist mit ihm, indem ich ihn in herzlichem Tone beim Namen nannte und mich erkundigte, wie er die Nacht verbracht habe. Sie sehen also – er wäre schon ein sehr schlauer alter Mann gewesen, hätte er geargwöhnt, daß ich in jeder Nacht, genau um zwölf, geschlichen kam, um ihn im Schlaf zu betrachten.

In der achten Nacht war ich beim Öffnen der Türe noch vorsichtiger als gewöhnlich. Der Minutenzeiger einer Uhr bewegt sich geschwinder, denn ich es tat. Niemals vor dieser Nacht noch hatte ich das Ausmaß meiner eignen Kräfte und meines Scharfsinns so tief empfunden. Kaum vermochte ich meinen Triumphgefühlen zu gebieten. Zu denken, daß ich hier war und langsam, Stück um Stückchen, die Türe öffnete – und daß er nicht einmal im Traume etwas von meinen heimlichen Taten und Gedanken ahnte! Ich mußte förmlich kichern bei dieser Vorstellung; und vielleicht hörte er mich; denn ganz plötzlich bewegte er sich auf dem Bette, als habe ihn etwas aufschrecken lassen. Nun denken Sie wohl, ich hätte mich zurückgezogen – aber keineswegs! In seinem Zimmer herrschte eine Finsternis von dichter Pechesschwärze (denn die Läden waren fest geschlossen, aus Furcht vor Einbrechern), und so wußte ich, daß er's nicht sehen konnte, wenn die Tür sich öffnete, und fuhr denn also fort, sie weiter, immer weiter aufzuschieben.

Ich hatte den Kopf schon drinnen und war eben dabei, die Laterne zu öffnen, da glitt mein Daumen auf dem blechernen Riegel ab, und der alte Mann fuhr im Bette hoch und schrie – »Wer ist dort?«

Ich blieb ganz still und gab keine Antwort. Eine geschlagene Stunde lang bewegte ich keinen Muskel, und während dieser ganzen Zeit hörte ich nicht, daß er sich wieder legte. Er saß noch immer aufrecht in seinem Bett und lauschte; – grad so wie ich es, Nacht um Nacht, getan, das Klopfen der Totenuhren in der Wand zu behorchen.

Jetzt vernahm ich ein leichtes Stöhnen, und ich wußte, es war ein Stöhnen tödlichen Entsetzens. Es war kein Laut des Schmerzes oder Kummers – oh, nein! – es war der leise erstickte Laut, der vom Grunde der Seele sich löst, wenn übermächtiges Grauen auf ihr lastet. Ich kannte diesen Laut nur allzu gut. So manche Nacht schon, grad um Mitternacht, wenn alle Welt schlief, ist er im eignen Busen mir heraufgestiegen und hat mit seinem fürchterlichen Echo die Schrecken noch vertieft, die mich verstörten. Ich sage, ich kannte ihn gut. Ich wußte, was der alte Mann empfand, und eigentlich tat er mir leid, wiewohl in meinem Herzen ein Kichern saß. Ich wußte, daß er wachgelegen hatte – seit jenem ersten leise-leichten Geräusch, mit dem er sich im Bett herumgedreht. Und unablässig seither war die Angst in ihm gewachsen. Er hatte sich vorzustellen versucht, daß sie grundlos sei, doch war's ihm nicht gelungen. »Es ist nichts denn der Wind im Kamine«, hatte er sich zugeredet, »es ist nur eine Maus, die über den Boden läuft« oder »es ist bloß ein Heimchen, das einen einzigen Zirper getan hat«. Ja, mit derlei Mutmaßungen hatte er sich zu trösten versucht: doch war das alles vergeblich gewesen. *Vergeblich* alles: denn der Tod war zu ihm getreten und vor ihm hergeschritten und hatte mit seinem schwarzen Schatten das Opfer eingehüllt. Und es war die Trauerwirkung dieses unsichtbaren Schattens, welche ihn die Anwesenheit meines Kopfes in der Kammer *empfinden* ließ, obschon er sie weder sah noch hörte.

Nachdem ich lange Zeit in aller Geduld gewartet, ohne zu vernehmen, daß er sich niederlegte, beschloß ich, die Laterne um einen kleinen – um einen ganz, ganz kleinen Spalt zu öffnen. Ich tat's – und Sie können sich nicht vorstellen, wie – *wie* verstohlen und leise – bis schließlich ein einziger trüber Strahl, dünn wie ein Spinnwebfaden, aus der Ritze schoß und voll auf das Geierauge fiel.

Es war offen – weit, weit offen – und Wut überkam mich, da ich darauf starrte. Ich sah es mit vollendeter Deutlichkeit – das häßliche bläßliche Blau – mit der scheußlichen Häutchenhülle darüber, deren Anblick mich bis ins Mark der Knochen frösteln ließ; doch von Gesicht oder Gestalt des alten Mannes vermochte ich weiters nichts zu erblicken; denn ganz wie instinktiv hatte ich den Strahl genau auf jenen verfluchten Fleck gerichtet.

Und habe ich Ihnen nicht gesagt, daß was Sie fälschlich für Verrücktheit nehmen, nichts ist denn eine Überschärfe der Sinne? – jetzt, sag' ich, jetzt drang mir zu Ohr ein leiser, dumpfer, hastiger Pochlaut, wie eine Uhr ihn hören läßt, wenn man sie in Kattun gewickelt hat. Ich kannte auch *diesen* Laut sehr gut. Es war das Herz des alten Mannes, das da schlug. Es steigerte meine Wut, wie Trommelschlag den Mut des Soldaten aufspornt.

Aber selbst jetzt noch hielt ich an mich und blieb still. Ich atmete kaum. Die Laterne bewegte sich nicht. Ich versuchte, wie unverrückbar still ich den Strahl auf das Auge gerichtet halten konnte. Derweilen wuchs das höllische Getrommel des Herzens immer mehr. Es wurde rascher und rascher in jedem Augenblick und lauter und immer lauter. Des alten Mannes Entsetzen muß schier ohne Maß gewesen sein! Lauter, so sagte ich, pocht' es, lauter in jedem Moment! – hören Sie auch gut zu? Ich sagte Ihnen doch, daß meine Nerven reizbar sind: das sind sie. Und nun, um die Mittstunde der Nacht, von der furchtbaren Stille jenes alten Hauses umlauert, erregte mich dies sonderbare Geräusch bis zu unbezähmlichem Entsetzen. Doch abermals noch hielt ich minutenlang an mich und stand regungslos. Aber das Schlagen ward lauter, lauter! Ich dachte, das Herz müßte mir zerspringen. Und nun packte mich eine neue Sorge – ein Nachbar könnte das laute Pochen hören! Die Stunde des alten Mannes war gekommen! Mit einem Gellschrei riß ich die Laterne auf und sprang ins Zimmer. Er kreischte – einmal – doch nur einmal noch. Im Augenblick hatte ich ihn auf den Boden gezerrt und das schwere Deckbett über ihn geworfen. Dann lächelte ich fröhlich, daß die Tat so weit getan war. Minutenlang noch freilich schlug das Herz mit dumpf gedämpftem Pochen weiter. Doch störte das mich nicht; durch die Wand hindurch würde man es nicht hören. Endlich dann setzte es aus. Der alte Mann war tot. Ich zog das Bett zurück und untersuchte den Leichnam. Ja, er war tot, mausetot. Ich legte die Hand auf sein Herz und ließ sie mehrere Minuten lang darauf ruhen. Kein Pulsschlag war zu spüren. Er war mausetot. Sein Auge würde mich nie mehr plagen.

Sollten Sie noch immer der Ansicht sein, ich sei verrückt, so werden Sie sofort anders denken, wenn ich Ihnen die raffinierten Vorsichtsmaßnahmen beschreibe, die ich nun ergriff, die Leiche zu verbergen. Die Nacht schritt voran, und ich arbeitete hastig, doch in aller Stille. Zuerst zerlegte ich den Leichnam. Ich schnitt den Kopf herab sowie die Arme und Beine.

Dann hob ich drei Bohlen im Fußboden der Kammer auf und deponierte alles zwischen den Verbundstücken. Darauf brachte ich die Bretter so geschickt, so fachkundig wieder an ihre Stelle, daß kein menschliches Auge – nicht einmal *seines* – etwas Unrechtes daran hätte entdecken können. Es gab nichts wegzuwaschen – kein Fleckchen – keinerlei Blutspur. Dazu war ich denn doch zu schlau gewesen. Ein Zuber hatte alles derartige aufgenommen – ha! ha!

Als ich diese Arbeiten zu Ende gebracht hatte, war es vier Uhr – und noch so finster wie um Mitternacht. Als die Glocke eben die Stunde schlug, ertönte ein Klopfen von der Haustür herauf. Ich ging mit leichtem Herzen hinunter, zu öffnen – denn was hatte ich *nun* noch zu fürchten? Drei Männer traten ein, die sich mit vollendeter Liebenswürdigkeit als Beamte der Polizei vorstellten. Ein Schrei sei während der Nacht von einem Nachbarn vernommen worden; er habe Verdacht geschöpft, es könne da etwas faul sein; so sei denn Anzeige erstattet worden auf dem Polizeibüro, und sie (die Beamten) habe man abgeordnet, der Sache an Ort und Stelle nachzugehen.

Ich lächelte – denn *was* hatte ich wohl zu fürchten? Ich bat die Herren herein. Der Schrei, so sagte ich, sei mir selber im Traume entfahren. Der alte Mann, erwähnte ich, sei auf das Land gereist. Ich führte meine Besucher durch das ganze Haus. Ich bat sie, doch zu suchen – recht genau zu suchen. Ich zeigte ihnen schließlich *seine* Kammer. Ich wies ihnen seine Schätze – sicher, unversehrt. Im Vollgefühle meines Selbstvertrauens holte ich Stühle ins Zimmer und drängte sie, doch *hier* von ihren Mühen auszuruhen, indessen ich selber im wilden Rausch meines vollkommenen Triumphes meinen eigenen Stuhl genau auf die Stelle rückte, darunter die Leiche des Opfers ruhte.

Die Beamten waren zufrieden. Mein *Verhalten* hatte sie überzeugt. Ich fühlte mich bei blendender Laune. Sie nahmen Platz, und während ich heiter und gelassen antwortete, schwatzten sie über alle möglichen Alltäglichkeiten. Doch gar nicht lange, so spürte ich, wie ich bleich ward, und wünschte sie fort. Mein Kopf schmerzte, und in den Ohren glaubte ich ein Klingen zu hören: doch sie saßen fest und schwatzten weiter. Das Klingen ward deutlicher: – es dauerte an und ward immer deutlicher: ich redete munterer kreuz und quer, um das Gefühl loszuwerden: doch es dauerte an und gewann Entschiedenheit – bis ich denn schließlich merkte: das Geräusch war *nicht* in meinen Ohren!

Zweifellos wurde ich nun überaus bleich; – doch flüssiger noch plauderte ich dahin und mit erhobener Stimme. Doch das Geräusch nahm zu – was konnt' ich nur tun? Es war ein *leiser, dumpfer, hastiger Pochlaut, wie eine Uhr ihn hören läßt, wenn man sie in Kattun gewickelt hat!* Ich rang nach Atem – und doch vernahmen's die Beamten nicht. Ich redete geschwinder – vehement; doch das Geräusch nahm immer weiter zu. Ich sprang vom Stuhle auf und disputierte über Nichtigkeiten, in hochgestochenem Ton und hitzigen Gebärden; doch das Geräusch nahm immer weiter zu. Warum nur wollten sie nicht gehen? Ich ging mit schweren Schritten auf und ab, wie wenn die Bemerkungen der Männer mich in Wut gebracht hätten – doch das Geräusch nahm immer weiter zu. Oh Gott! was *konnte* ich tun? Ich schäumte – ich tobte – ich fluchte! Ich schwang den Stuhl in die Höhe, auf dem ich gesessen hatte, und schmetterte ihn krachend auf die Bretter, doch das Geräusch nahm zu und übertönte alles. Es wurde lauter – lauter – wurde immer lauter! Und immer noch schwatzten die Männer munter vor sich hin und lächelten. War es denn möglich, daß sie gar nichts hörten? Allmächtiger Gott! – nein, nein! Sie hörten's wohl! – sie hatten schon Verdacht! – sie *wußten!* – sie machten sich nur lustig über mein Entsetzen! – so dacht' ich, und so denke ich noch jetzt. Doch alles lieber noch als diese Qual! Alles ertragen – nur nicht diesen Spott! Ich hielt dies gleisnerische Lächeln nicht mehr aus! Ich fühlt's, ich mußte schreien oder sterben! und nun – horch! – wieder! – lauter! lauter! *lauter!* »Ihr Schurken!« kreischt' ich, »laßt die Heuchelei! Ich will die Tat gestehn! – hier! reißt die Bohlen auf! – hier schlägt's! – hier schlägt sein fürchterliches Herz!«

Herz, patriotisch

Das Herz des Demokraten ist Kritik, nicht mehr,
nicht weniger. Es wäre aber besser, das Individuum
besäße ein Herz voll ungezähmter Zeit
und außerdem einen kritischen Verstand.
(Botho Strauß)

Friedrich Gottlieb Klopstock: *Vaterlandslied*

Ich bin ein deutsches Mädchen!
Mein Aug' ist blau, und sanft mein Blick,
Ich hab' ein Herz,
Das edel ist, und stolz, und gut.

Ich bin ein deutsches Mädchen!
Zorn blickt mein blaues Aug' auf den,
Es haßt mein Herz
Den, der sein Vaterland verkennt!

Ich bin ein deutsches Mädchen!
Erköre mir kein ander Land
Zum Vaterland,
Wär mir auch frei die große Wahl! ...

Ich bin ein deutsches Mädchen!
Mein gutes, edles, stolzes Herz
Schlägt laut empor
Beim süßen Namen: Vaterland!

So schlägt mir's einst beim Namen
Des Jünglings nur, der stolz wie ich
Auf's Vaterland,
Gut, edel ist, ein Deutscher ist!

Heinrich Heine:
Ade, Paris

Ade, Paris, du teure Stadt,
Wir müssen heute scheiden,
Ich lasse dich im Überfluß
Von Wonne und von Freuden.

Das deutsche Herz in meiner Brust
Ist plötzlich krank geworden,
Der einzige Arzt, der es heilen kann,
Der wohnt daheim im Norden.

Er wird es heilen in kurzer Frist,
Man rühmt seine großen Kuren;
Doch ich gestehe, mich schaudert schon
Vor seinen derben Mixturen.

Ade, du heitres Franzosenvolk,
Ihr meine lustigen Brüder,
Gar närrische Sehnsucht treibt mich fort,
Doch komm ich in Kurzem wieder.

Denkt Euch, mit Schmerzen sehne ich mich
Nach Torfgeruch, nach den lieben
Heidschnucken der Lüneburger Heid,
Nach Sauerkraut und Rüben.

Ich sehne mich nach Tabaksqualm,
Hofräten und Nachtwächtern,
Nach Plattdeutsch, Schwarzbrot, Grobheit sogar
Nach blonden Predigerstöchtern.

Auch nach der Mutter sehne ich mich,
Ich will es offen gestehen,
Seit dreizehn Jahren hab ich nicht
Die alte Frau gesehen.

Ade, mein Weib, mein schönes Weib,
Du kannst meine Qual nicht fassen,
Ich drücke dich so fest an mein Herz,
Und muß dich doch verlassen.

Die lechzende Qual, sie treibt mich fort
Von meinem süßesten Glücke –
Muß wieder atmen deutsche Luft,
Damit ich nicht ersticke.

Die Qual, die Angst, der Ungestüm,
Das steigert sich bis zum Krampfe.
Es zittert mein Fuß vor Ungeduld,
Daß er deutschen Boden stampfe.

Vor Ende des Jahres bin ich zurück
Aus Deutschland, und ich denke
Auch ganz genesen, ich kaufe dir dann
Die schönsten Neujahrsgeschenke.

Johannes R. Becher:

Das lachende Herz

Ihr fragt, warum das Herz uns lacht?
Es war solch eine lange Nacht,
Da sahen wir ein Licht, weit, weit –
Das Licht schien durch die Dunkelheit.

Und Licht hat sich an Licht entfacht.
Das Licht hat uns den Tag gebracht,
Da leuchtete es weit und breit,
Das Leuchten einer neuen Zeit.

Ihr fragt, warum das Herz uns lacht?
Wir haben uns ans Werk gemacht,
Damit nach all dem Herzeleid
Ihr einmal frei und glücklich seid.

Das ist's, warum das Herz uns lacht,
Und endlich hat das Volk die Macht.
Es lacht das Herz, das sich befreit
Vom Dunkel der Vergangenheit.

Helga Schubert:
Das gesprungene Herz

Ich habe ein gesprungenes Glas-Herz und schreibe, um ein Märchen zu beweisen.

Das Märchen von der Prinzessin mit dem gesprungenen Herzen hat mein ganzes Leben beeinflußt.

Ich habe mich schon öfter danach erkundigt, wer es noch kennt. Aber im vorigen Monat in Magdeburg passierte es zum ersten Mal nach einer Lesung, daß ein etwa gleichaltriger Mann wußte, wovon ich redete. Er wollte es zu Hause heraussuchen und mir dann schicken.

Es ist das hoffnungsvollste Märchen.

Aber ich weiß nicht einmal genau, wie es heißt.

Ich weiß nur, daß es in einem dunkelblauen quadratischen Pappeinband das zweite in einer Sammlung mit dem Namen ›Träumereien an französischen Kaminen‹ war, geschrieben von Richard von Volkmann-Leander.

Das Buch ist verschwunden und das Märchen auch.

Sogar in einer Märchensammlung, die ich von ihm kaufte, ›Von der Königin, die keine Pfeffernüsse backen, und vom König, der nicht das Brummeisen spielen konnte‹, suchte ich es vergeblich.

In meiner Erinnerung handelt es von einer Prinzessin, deren Herz aus Glas einen fast tödlichen Sprung bekommen hat, und ihrem Vater, der sie trotzdem gern glücklich verheiraten möchte. Er macht die Sache bekannt, viele Prinzen bewerben sich, denn natürlich wird die Prinzessin ziemlich viel erben.

Die Prinzessin bekommt den freundlichsten und behutsamsten Mann, nämlich den Prinzen mit den Samthandschuhen.

Wie sich denken läßt, lebten die beiden glücklich. Und wenn

sie nicht gestorben sind, dann leben sie noch heute. Ich kann mich daran nicht erinnern, aber ich glaube, der Prinz war arm.

Wenn man von einer Prinzessin überzeugend vorgeführt bekommt, daß es viel Wichtigeres gibt als Geld, erleichtert das die Lebens-Entscheidungen in Liebe und Beruf sehr.

Nichts kann dann nämlich von den fehlenden Samthandschuhen ablenken.

Die Samthandschuhe sind das wichtigste.

Und die feste Überzeugung, daß es immer eine Rettung gibt, auch wenn etwas fast zerstört worden ist:

Ich hatte aus einem Avokadostein eine Pflanze gezogen. Eines Tages verlor sie alle Blätter und stand nur noch als 50 cm hoher Strunk da. Ich beschloß, diesen Strunk als Stütze für eine haltlose, verschwenderisch ihre Ableger um sich herum verstreuende Goethe-Blume zu nehmen und pflanzte die Goethe-Blume neben den Strunk in den großen Topf, in den viel zu großen Avokadotopf – ich hatte mir ein Umpflanzen ersparen wollen. Und nun waren die Wurzeln vermutlich gar nicht bis an den Topfrand gelangt. Ich band die Goethe-Blume um den Strunk. Sie verbrauchte viel Wasser, gedieh, blühte, und nach einem Jahr sah ich am Strunk ein Blatt. Die beiden lebten ein paar Jahre friedlich in einem Topf, bis er ihnen zu eng wurde.

Jetzt habe ich sie zusammen in einen sehr großen gepflanzt, denn die Avokadopflanze ist fast schon ein Baum. Er gibt der Goethe-Blume, die Hitze eigentlich nicht mag, Schatten. Sie trinkt jeden Tag einen Liter Wasser, und durch ihre vielen Hundert Ableger sind die Avokadowurzeln geschützt und immer feucht, wie in einem Moosbett.

Im Sommer schiebe ich sie zusammen in die Sonne nach draußen wie Philemon und Baucis.

Und alles nur, um mir meine Hoffnung zu erhalten.

1980, ich war 40 Jahre alt, sagte der Leiter der Ehe-Familien-Jugend- und Sexualberatungsstelle Berlin Mitte beim Einstellungsgespräch zu mir: Wissen Sie, es ist gut, daß Sie in zweiter Ehe verheiratet sind.

Der Familienrichterin, der Gynäkologin und ihm gehe es genauso. Ein Ratsuchender spüre einfach bei solchen wie uns, und damit meinte er auch mich, daß sein Gegenüber Katastrophenerfahrung hat und trotzdem den Mut behielt, man könne es auch Humor nennen.

*

Diese Geschichte hätte so schön enden können, sogar mit einer Moral, wenn nicht heute mit der Post das richtige Märchen angekommen wäre. Das richtige Märchen in der vollständigen Sammlung. Ich las es mit wachsender Bestürzung:

Es ist nicht das zweite, sondern das achte in der Sammlung, und es heißt: ›Die drei Schwestern mit den gläsernen Herzen‹. Das schlimmste ist nicht, daß, wie schon der Titel sagt, alle drei Schwestern (immerhin sind es wenigstens Prinzessinnen) ein Glasherz haben, nein, die älteste stirbt sogar daran.

Das hatte ich ganz vergessen:

Trotz der Warnung der Mutter, vorsichtig zu sein, lehnt sie sich beim Betrachten der Levkojen zu sehr auf die Fensterbrüstung, bricht ihr Herz und fällt tot um.

Die zweite Tochter bekommt einen Sprung ins Herz, als sie zu heißen Kaffee trinkt. Sie wird ebenfalls nicht die Hauptperson, sondern bleibt die liebe unverheiratete Tante für die Kinder ihrer jüngsten Schwester.

Diese jüngste Königstochter behält das ganze Märchen hindurch bis ans selige Ende ihr unbeschädigtes Glasherz. Und das hängt, da stimmt mein Märchen in der Erinnerung wieder, mit ihrem Mann zusammen.

Aber der ist kein Prinz, sondern war nur ein Edelknabe am Hofe, der ihr dreimal die Schleppe tragen mußte, um Edelmann zu werden. Dabei gefällt er ihr so gut, daß sie ihm den Tip gibt,

Glaser und König zu werden. Denn das sind die Bedingungen ihres Vaters für ihren künftigen Ehemann.

König kann er nicht werden, aber Glaser. Er lernt vier Jahre das Handwerk, kehrt zu ihr zurück, und weil sie ihn in angenehmer Erinnerung behielt und weil er Samtpatschen hat, also keine Handschuhe, sondern wirkliche Samthände, und weil sich kein König findet, der auch noch Glaser ist, gibt sich der König schließlich auch mit ihm als Schwiegersohn zufrieden.

Das falsch erinnerte Märchen hat mich ein Leben lang getröstet: Es geht weiter, oder: es geht trotzdem, habe ich nach einer Kränkung oder einer Operation oder einer schweren Krankheit oder einem Tod gedacht.

Und wenn soviele Gleichaltrige nach dem Ende der DDR traurig sagten, es ist zu spät, das Ende kam zu spät, ich bin zu alt zum Reisen, zu alt, um noch einmal neu anzufangen, habe ich immer an das gesprungene Herz gedacht und gesagt, besser spät als nie, man muß ja nicht unbedingt noch zu zweit mit einem Boot über den Atlantik segeln oder über das Mittelmeer auf einem Surfbrett fliegen, mir reicht schon die endlich offene Welt. Es ist noch genug Kraft übrig und genug Zeit für ein zweites Leben.

Und dann haben mich die andern immer skeptisch und ungläubig angesehen.

Wie schön, daß es fast ein halbes Jahrhundert verschollen war. Denn erst heute kann ich das echte Märchen ertragen.

Bohumil Hrabal:
Liebe Dubenka

....

Liebe Dubenka, an dem Tag, als Herr Václav Havel zum Herrn Präsidenten unserer Republik gewählt wurde, als die Begeisterung dermaßen über die Ufer trat, daß Tränenbäche die Durchflußmenge der Moldau erhöhten, schritt ich den Krönungsweg ab, er war so beklebt und beschrieben, daß kein Stück Mauer, kein Stückchen Schaufenster mehr frei waren, denn die manisch gestischen Emotionen der Studenten hatten darum gekämpft, daß ein Mensch Präsident wurde, der genauso jung war wie sie, ein Mensch, der nicht nur das Maß des politischen Geschehens bei uns, sondern ein Maß in der Welt ist, wie es mir Herder beigebracht hat, daß nämlich Sturm und Drang nur von einem jungen Menschen getragen werden können, von der Mensch gewordenen Fröhlichkeit …

Und wie ich so die Schaufenster entlangging, zog in Höhe meiner Augen immer wieder das gleiche kleine Plakat Václav Havels an mir vorbei, und ich schritt seinem lächelnden Gesicht entgegen, eine Horizontale von Photographien und in der Mitte ein Bild über dieser Reihe und eins darunter, immer das gleiche Lächeln, angeordnet in Form eines Kreuzes, ungefähr so, wie Andy Warhol es gemacht hätte … Und ein junges Mädchen blieb stehen, die Stirn gegen die Stirn des zukünftigen Präsidenten gerichtet, sie zog ihr Rouge aus der Handtasche, und nachdem sie sich im Spiegel schönere Lippen nachgezogen hatte, lächelte sie und blieb noch ein Weilchen mit ihrem Gesicht im Gesicht des fröhlichen lächelnden photographischen Václav stehen, und da wußte ich es schon, Dubenka, mit diesem Rouge malte sie um Václav Havels Gesicht herum ein Herz … Und dann kamen weitere Mädchen, schon nicht mehr, um sich im Spiegel des Schaufensters die Lippen zu verschönern, sondern damit eine dieser jungen Frauen nach der anderen auf etwa 15 Plakaten mit dem Reklameporträt des fröhlich lächelnden zukünftigen Präsidenten mit ihrem Lippenstift ein Herz malte, sie umkreisten ihn mit ihrem Mädchenherzen als Ausdruck der Liebe zum fröhlichen jungen Mann …

Ich bin lange stehengeblieben, Dubenka, denn ich war Zeuge eines Happenings, eines gewissen volkstümlichen schöpferischen Aktes, denn seit Menschengedenken malen junge Frauen auf dem Land in Böhmen, in Mähren und der Slowakei voll Wonne Herzen nicht nur auf Truhen und Schränke, sondern auch auf den Vorraum vor dem Haustor, wohin auch immer der schöpferische Geist des Volkes gelangt ist, kann man außen an Gebäuden oder innen in Wohnungen überall als grundlegendes Motiv der Liebe Herzen sehen, gezeichnete Herzen, in Parkbänke geritzte oder in Baumstämme geschnitzte Herzen, wohin der Mensch reicht, malt er bewußt oder unbewußt Herzen, auch die Kinder. Wissen Sie eigentlich, Dubenka, wer diese Samtrevolution gemacht hat? Die Clowns und die Schauspieler, die Kinder …

Hugo Loetscher:
Im Herz und in der Mitte

....

Wieder einmal in einem Herzen. Oder einfacher ausgedrückt: ein paar Tage in Wien.

Zwar hatte ich in der Schule gelernt, daß die Schweiz im Herzen Europas liegt. Uns gehört das Gotthard-Massiv mit seinen Tunnels, die zentrale europäische Verbindung von Nord nach Süd und umgekehrt.

Aber kaum ein paar Tage in Wien, schon beginnt dieses Herz anders zu schlagen. …

Bei meinem Aufenthalt in Wien mußte ich die Erfahrung machen, daß dieses Österreich uns nicht nur das Berg-Monopol streitig macht, sondern auch die Herz-Lage. ...

Europa hätte also mindestens zwei Herzen, was die Lage betrifft. Bemerkenswert ist, daß es beide Male neutrale Herzen sind. Eines, das von der Politik in eine Ecke gedrängt wurde. Und ein anderes, das schweizerische, das achtgeben muß, nicht zu einem Alpenübergang mit Raststätten zu werden.

Es fällt auf, daß Städte und Länder gerne im Herzen von etwas liegen. Ich kenne keine Stadt, die sich rühmt, sich im Kopf Europas zu befinden. Völker und Städte scheinen geographisch nur ein Organ zu haben, eben ein Herz. Eingeweide zählen kaum. Obwohl – ich könnte mir leicht Plakate ausmalen, die für Städteflüge mit dem Slogan werben: »Wir bringen Sie sicher zwischen die Schenkel Europas.«

In der Mitte zu liegen verführt nun aber leicht dazu, die Geographie als gottgegebenen Ausweis für Auserwähltsein zu nehmen. ...

Wenn die zentrale Lage zu einer solchen Rolle der »Erdenschwere« verführt, wünschte man sich da die Schweiz nicht etwas näher bei den Lappen? Mit Neid denkt man an das Abseits von Andorra. Auf jeden Fall kann es für Europa nur gut sein, wenn es noch ein Ausweichherz gibt. Aber wo ein zweites Herz ist, ist möglicherweise auch ein drittes. Vielleicht ist es überhaupt ein Wanderherz, schlägt gleichzeitig in Dublin und in Danzig.

Herzeleid

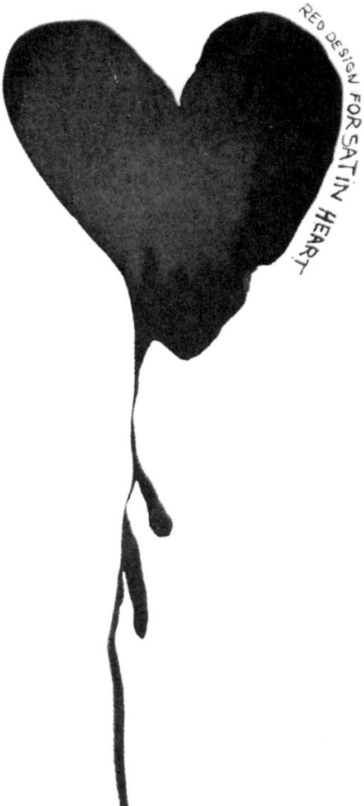

Jakob Michael Reinhold Lenz:
An das Herz

Kleines Ding, um uns zu quälen,
Hier in diese Brust gelegt!
Ach wer's vorsäh', was er trägt,
Würde wünschen, tätst ihm fehlen!

Deine Schläge, wie so selten
Mischt sich Lust in sie hinein!
Und wie augenblicks vergelten
Sie ihm jede Lust mit Pein!

Ach! und weder Lust noch Qualen
Sind ihm schrecklicher als das:
Kalt und fühllos! O ihr Strahlen,
Schmelzt es lieber mir zu Glas!

Lieben, hassen, fürchten, zittern,
Hoffen, zagen bis ins Mark,
Kann das Leben zwar verbittern;
Aber ohne sie wär's Quark!

Bertolt Brecht:

Surabaya-Johnny

1

Ich war jung, Gott, erst 16 Jahre
Du kamest von Burma herauf
Und sagtest, ich solle mit Dir gehen
Du kämest für alles auf.
Ich fragte nach Deiner Stellung
Du sagtest: so wahr ich hier steh
Du hättest zu tun mit der Eisenbahn
Und nichts zu tun mit der See.
Du sagtest viel, Johnny
Kein Wort war wahr, Johnny
Du hast mich betrogen, Johnny
Ich hasse Dich so, Johnny
Wie Du stehst und grinst
Nimm die Pfeife aus dem Maul, Johnny, Du Hund!
Surabaya-Johnny, warum bist Du so roh?
Surabaya-Johnny, mein Gott, ich liebe Dich so.
Surabaya-Johnny, warum bin ich nicht froh?
Du hast kein Herz, Johnny, und ich liebe Dich so.

2

Zuerst war es immer Sonntag.
So lang, bis ich mitging mit Dir.
Aber dann schon nach zwei Wochen
War Dir nichts mehr recht an mir
Hinauf und hinab durch den Pandschab
Den Fluß entlang bis zur See:
Ich sehe schon aus im Spiegel
Wie eine Vierzigjährige.

Du wolltest nicht Liebe, Johnny
Du wolltest Geld, Johnny
Ich aber sah, Johnny, nur auf Deinen Mund.
Du verlangtest alles, Johnny
Ich gab Dir mehr, Johnny
Nimm die Pfeife aus dem Maul, Du Hund!
Surabaya-Johnny, warum bist Du so roh?
Surabaya-Johnny, mein Gott, ich liebe Dich so.
Surabaya-Johnny, warum bin ich nicht froh?
Du hast kein Herz, Johnny, und ich liebe Dich so.

3

Ich habe es nicht beachtet
Warum Du den Namen hast
Aber an der ganzen langen Küste
Warst Du ein bekannter Gast.
Eines Morgens in einem Sixpencebett
Werd ich donnern hören die See.
Und Du gehst, ohne etwas zu sagen
Und Dein Schiff liegt unten am Kai.
Du hast kein Herz, Johnny
Du bist ein Schuft, Johnny
Du gehst jetzt weg, Johnny, sag mir den Grund.
Ich liebe Dich doch, Johnny
Wie am ersten Tag, Johnny
Nimm die Pfeife aus dem Maul, Du Hund!
Surabaya-Johnny, warum bist Du so roh?
Surabaya-Johnny, mein Gott, warum lieb ich Dich so
Surabaya-Johnny, warum bin ich nicht froh?
Du hast kein Herz, Johnny, und ich liebe Dich so.

Heinrich Heine:
Kalte Herzen

Als ich dich zum ersten Male
In der Welt von Pappe sah,
Spieltest du in Gold und Seide
Shylocks Tochter: Jessica.

Klar und kalt war deine Stimme,
Kalt und klar war deine Stirne,
Und du glichst, o Donna Clara,
Einer schönen Gletscherfirne.

Und der Jud verlor die Tochter,
Und der Christ nahm dich zum Weibe;
Armer Shylock, ärmrer Lorenz!
Und mir fror das Herz im Leibe.

Als ich dich zum andren Male
In vertrauter Nähe sah,
War ich dir der Don Lorenzo
Und du warst mir Jessica.

Und du schienst berauscht von Liebe,
Und ich war berauscht von Weine,
Küßte trunken deine Augen,
Diese kalten Edelsteine.

Plötzlich ward mir ehstandslüstern:
Hatte ich den Kopf verloren?
Oder war in deiner Nähe
Der Verstand mir nur erfroren?

Nach Sibirien, nach Sibirien!
Führte mich die Hochzeitsreise,
Einer Steppe glich das Ehbett,
Kalt und starr und grau von Eise.

In der Steppe lag ich einsam
Und mir froren alle Glieder,
Leise wimmern hört ich meine
Halberstarrten Liebeslieder.

Und ich darf ein schneeig Kissen
An das heiße Herz mir drücken.
Amor klappern alle Zähne,
Jessica kehrt mir den Rücken. –

Ach, und diese armen Kinder,
Meine Lieder, meine Witze,
Werden sämtlich nun geboren
Mit erfrorner Nasenspitze!

Meine Muse hat den Schnupfen
– Musen sind sensible Tiere –
Und sie sagt mir: Lieber Heinrich,
Laß mich ziehn, eh ich erfriere.

O, ihr kalten Liebestempel,
Matt erwärmt von Pfennigskerzen,
Warum zeigt mein Liebeskompaß
Nach dem Nordpol solcher Herzen?

Johann Wolfgang von Goethe:
… und bin elend

....

Am 3. November.

Weiß Gott! ich lege mich so oft zu Bette mit dem Wunsche, ja manchmal mit der Hoffnung, nicht wieder zu erwachen: und morgens schlage ich die Augen auf, sehe die Sonne wieder, und bin elend. O daß ich launisch sein könnte, könnte die Schuld aufs Wetter, auf einen Dritten, auf eine fehlgeschlagene Unternehmung schieben, so würde die unerträgliche Last des Unwillens doch nur halb auf mir ruhen. Wehe mir! ich fühle zu wahr, daß an mir allein alle Schuld liegt – nicht Schuld! Genug, daß in mir die Quelle alles Elendes verborgen ist, wie ehemals die Quelle aller Seligkeiten. Bin ich nicht noch ebenderselbe, der ehemals in aller Fülle der Empfindung herumschwebte, dem auf jedem Tritte ein Paradies folgte, der ein Herz hatte, eine ganze Welt liebevoll zu umfassen? Und dies Herz ist jetzt tot, aus ihm fließen keine Entzückungen mehr, meine Augen sind trocken, und meine Sinne, die nicht mehr von erquickenden Tränen gelabt werden, ziehen ängstlich meine Stirn zusammen. Ich leide viel, denn ich habe verloren, was meines Lebens einzige Wonne war, die heilige, belebende Kraft, mit der ich Welten um mich schuf; sie ist dahin! – Wenn ich zu meinem Fenster hinaus an den fernen Hügel sehe, wie die Morgensonne über ihn her den Nebel durchbricht und den stillen Wiesengrund bescheint, und der sanfte Fluß zwischen seinen entblätterten Weiden zu mir herschlängelt, – o! wenn da diese herrliche Natur so starr vor mir steht wie ein lackiertes Bildchen, und alle die Wonne keinen Tropfen Seligkeit aus meinem Herzen herauf in das Gehirn pumpen kann, und der ganze Kerl vor Gottes Angesicht steht wie ein versiegter Brunnen, wie ein verlechter Eimer. Ich habe mich oft auf den

Boden geworfen und Gott um Tränen gebeten, wie ein Ackersmann um Regen, wenn der Himmel ehern über ihm ist und um ihn die Erde verdürstet.

Aber, ach, ich fühle es, Gott gibt Regen und Sonnenschein nicht unserm ungestümen Bitten, und jene Zeiten, deren Andenken mich quält, warum waren sie so selig, als weil ich mit Geduld seinen Geist erwartete und die Wonne, die er über mich ausgoß, mit ganzem, innig dankbarem Herzen aufnahm!

Georg Heym:
In deinem Herzen ist der Berg der Qual …

In deinem Herzen ist der Berg der Qual.
Ich sah zu oft schon seinen Widerschein
Im Abgrund deiner Augen dunkelrot.

Panzre dein Herz. Und mach es leer und tot.
Dich zu verwunden, hätte sonst ich Lust
Nur um zu wissen, wie du leiden mußt.

Wie süß wohl würden deine Küsse schmecken
Wenn du an meinem Halse liegst und weinst
Und ich das Salz von deinem Munde lecke.

Doch laß uns heute noch den Trank genießen,
In unsrer Herzen naher Dunkelheit,
Wie schwerer Öle Tropfen rinnt, und klingt
In dunkler Becher goldenen Verliesen.

Wir, Wandrern gleich, die in die Wälder gehen
›In stumme Urwald-Nacht auf manche Zeit‹
Und einmal der Seelen Weite füllen
Mit großer Meere Glanz und Ewigkeit.

Kurt Tucholsky:

Herz mit einem Sprung

Im Gesicht und auch in Sachsen,
wo die Meise piepst,
laß ich den Bart mir wachsen,
weil du mich nicht mehr liebst.
    Susala und dusala –
weil du mich nicht mehr liebst.

Wir waren beide einsam;
auch ich als Woll-Agent.
Die Herzen waren gemeinsam,
die Kassen waren getrennt.
    Susala und dusala –
Da bin ich konsequent.

Du sagst, du wärst im Training
wohl für ein Fecht-Turnier.
Du aßest gar nicht wening
und hattst nie Geld bei dir ...
    Susala und dusala –
Man ist ja Kavalier.

Du aßest frisch und munter
nicht ohne jeden Charme
die Karte rauf und runter,
die Küche kalt und warm.
    Susala und dusala –
dem Kellner schmerzt der Arm.

Ich fand das übertrieben
und sah dich zornig an.
Ein Mann will gratis lieben,
sonst ist er gar kein Mann!

Ich kann dich nicht vergessen.
Noch heut könnt ich dich maln.
Du hast zuviel gegessen ...
Wer kann denn das bezahln!
    Susala und dusala –
Wer kann denn das bezahln!

Ums Kinn starrn mir die Stoppeln.
Mein Vollbart ist noch jung.
So fahr ich nun nach Oppeln
zu ner Versteigerung ...
    Doch mein Herz,
    doch mein Herz,
doch mein Herz
                hat einen Sprung –!

Ernst Weiss:
Die Herznaht

....

Der Student der Medizin, Friedrich von B., ein hochgewachsener, hellblonder Mensch, leidenschaftlich in die »große Chirurgie« verliebt, aber auch anderen Liebschaften keineswegs abgeneigt, unter denen eine gewisse Hildegard Anneliese eine große, wenn auch in letzter Zeit nicht immer erfreuliche Rolle gespielt hatte, wurde Anfang Dezember als unbezahlte Hilfskraft in die chirurgische Klinik des Geheimrats O., den seine Schüler wegen seines militärischen Auftretens und wegen seiner imponierenden Haltung den »General« nannten, aufgenommen, wobei eine alte Korpsbrüderschaft zwischen dem Universitätsprofessor und dem Vater des Studenten mitgeholfen hatte.

Friedrich von B. leistete, ohne vom Freunde seines Vaters anfangs einer besonderen Aufmerksamkeit gewürdigt zu werden, in der Hochschulklinik allerlei kleine, aber doch unentbehrliche und verantwortungsvolle Dienste: Narkosen, Verbände, kleine Eingriffe. Oft freilich stand er bloß müßig umher, eines Auftrags gewärtig oder er führte Patienten im Kolleg vor, das wochentäglich zwischen einviertel zehn und elf Uhr stattfand.

In einer dieser Vorlesungen, am siebzehnten Januar, hielt der Professor ein Kolleg über bösartige Geschwülste. Mit Stolz wies er seine Dauererfolge vor, Kranke, die er vor drei, vor fünf, ja sogar einen Kranken, den er zu Beginn seiner Lehr- und Operationszeit in der Stadt vor nicht weniger als siebeneinhalb Jahren operiert hatte und der, wie die übrigen, gesund und rückfallsfrei geblieben war. Die Operationen waren schwer gewesen, und daß die Heilung so lange angehalten hatte, war ein Triumph der Chirurgie, der Segen des frühzeitigen und radikalen Eingriffs.

Man hatte die alten Patienten von seiten der Universitätsklinik brieflich, unter Zusicherung eines Zuschusses zum Reisegeld, soweit sie aus der Provinz stammten, in die Klinik beordert.

Nun hockten sie auf einer Bank in dem breiten Korridor, der aus den Krankenräumen in den Hörsaal führte. Fünf Männer, drei Frauen, vier aus der Stadt, ebenso viele vom flachen Land. Obwohl der Oberarzt es ihnen untersagt hatte, von ihrer Krankheit zu sprechen, (ein allgemeines Verbot für alle Kranken der Klinik) unterhielten sie sich nun schon eine Stunde ausschließlich darüber; einige von ihnen lüfteten die Hemden, um die Operationsnarben zu zeigen, andere zeigten bloß von außen die Lage und Länge der Hautschnitte an, wobei sie die Länge übertrieben. Stolz folgten sie dann dem Studenten in den Hörsaal, ihre Kleider glattstreichend, und eine der Frauen geriet in Schweiß, weil sie ihre Handschuhe in der Eile nicht schnell genug anzuziehen vermochte.

Der General schwelgte in chirurgischem Optimismus. Er verglich das Schicksal der Gesundgewordenen mit dem der anderen, an dem gleichen Leiden erkrankten Patienten, die längst in kühler Erde ruhten; währenddessen faßte er die Schultern der zarten ältlichen Patientin zwischen seine riesigen Arme und drehte die Frau wie ein Püppchen nach rechts und nach links, wandte sich aber sofort von der Frau ab, um den Studenten das Schema der Operation in einfachen Linien auf eine Tafel zu zeichnen, wobei er mit der Rechten die Kreide hielt, mit der Linken das Krankenblatt, in dem alle nötigen Daten genau verzeichnet waren und das ihm der Oberarzt zugereicht hatte. Dann entfaltete er in formvollendetem Vortrag die Fortschritte der Operationstechnik, beleuchtete kritisch die guten und schlechten Seiten jeder Methode, berechnete die Heilungsaussichten mit Hilfe einer sorgfältig geführten Statistik und vergaß dabei vollständig, daß die acht Menschen, die es anging, in dem Hörsaal standen, der übrigens gleichzeitig als Operationsraum diente.

Er war noch ganz in seine chirurgischen Betrachtungen versunken, als plötzlich sein alter Oberarzt, Professor E., in den Hörsaal stürzte und ihm aufgeregt etwas ins Ohr flüsterte. Die Erregung übertrug sich sofort auf den Chirurgen und zeigte sich in seinem wie von Bordeauxröte überströmten Gesicht, aus dem nur die alten Mensurnarben aus den Jünglingsjahren heller, kirschrot, hervorleuchteten. Eine steile Falte bildete sich als Zeichen scharfen Überlegens auf der Stirn des Generals, während der Oberarzt die acht Geheilten wie eine kleine Herde Geflügel aus dem Saal herausscheuchte.

Der Professor ließ sofort an seinem, nur für ihn bestimmten Waschtische das Wasser laufen, er drehte die Sanduhr, die auf einem Glasregal stand, herum. Der braune Sand begann zu rieseln, um zehn Minuten anzuzeigen: die vorgeschriebene Dauer der Händereinigung und persönlichen Antisepsis.

Der Student half dem General bei der »Toilette«, er band ihm, während der General abwechselnd weitersprach und sich wusch, eine große gelbe, wasserdichte Schürze mit einer Messingkette um den stiernackigen, wie das Gesicht bordeauxroten Hals. Der General trat, ohne hinzusehen, mit den Füßen in schwarze, bis über die Knöchel reichende Galoschen.

In einem Augenblick war aus dem akademischen Lehrer ein anderer Mensch geworden, anders war seine Stimme, seine Haltung, sein Blick. Er rieb mit seiner harten Bürste Finger, Handfläche und -rücken und den Unterarm bis zum Ellenbogen. Aus einem automatischen Behälter entnahm er durch Druck des Fußes Seife, und bald war der Arm mit weißem Seifenschaum umhüllt. Dann wieder wurde alles abgespült, die immer lebhafter rot gefärbte Haut wurde sichtbar, um von neuem im Seifenschaum zu verschwinden. Neben ihm die Helfer, ganz wie er.

Jetzt wandte sich der General dem Auditorium zu: »Ein glücklicher, leider seltener Zufall. Selbstmordversuch in der Nähe der Klinik. Eine junge Frau, ein junges Mädchen. Stich ins Herz. Voraussichtlich eine Herznaht. Zeitgemäße Operation. Unzeitgemäßes Selbstmordinstrument, ein altmodischer Federhalter mit einer ganz gemeinen Stahlfeder. Bürodame. Relativ günstig der Umstand, meine Herren, daß der ominöse Gegenstand in der Wunde geblieben ist und dadurch die Verblutung verhindert hat. Glück im Unglück.

Übrigens auch eine Leistung, mit einer so primitiven Waffe das Herz zu treffen. Die Methode, die Sie nun hoffentlich alle, auch die Herren in den obersten Sitzreihen (ich bitte nur dringend, ja nicht aufzustehen, der Staub ist schauerlich und höchst gefährlich), nun die Methode, die ich Ihnen zu demonstrieren hoffe, ist neu und bleibt eines der vielen, außerordentlich großen Verdienste des verstorbenen Professors Rehn in Frankfurt. Die erste Assistenz wie gewohnt, Sie, Herr Oberarzt, die zweite Herr Glicker, und die dritte kommt an Herrn Schillerling, die Narkose könnten Sie übernehmen, der Herr Studiosus hier, einer von Ihren Kollegen, meine Herren, der schon ganz nett narkotisiert. Wir brauchen in solchen Fällen eine sehr ordentliche Narkose, wohlgemerkt: Überdrucknarkose, denn die Sache spielt sich doch innerhalb der Brusthöhle ab. Seit Jahren sind wir also nicht mehr wehrlos gegen Verletzungen des Herzens, seit Rehn können wir Stich- und sogar, wenn auch natürlich nur in den seltensten Fällen, Schußwunden des Herzens angehen; wir können alles derartige angehen, vorausgesetzt, meine Herren, daß der Patient uns lebend auf den Tisch hier gebracht wird! Von fünf rechtzeitig operierten Fällen sind nicht weniger als drei geheilt. Zweifellos wäre auch seinerzeit der österreichische Erzherzog, der Thronfolger, nach seiner Herzverletzung in Sarajewo – nun, lassen wir dieses schmerzliche Kapitel! – Kochsalzapparat anheizen. Oberschwester, Nebennierenextrakt, Adrenalin, Lösung eins auf tausend, vorbereiten, ja, ich wollte nur sagen, es gibt Methoden gegen jede Art der Verletzung, nur gibt es noch keine Methoden gegen die Mörder. Man näht die Wunde, aber man heilt nicht das Herz. Pulskontrolle übernehme der Narkotiseur. Vergessen Sie nicht den Rippendilatator, überhaupt alle Knocheninstrumente. Die Indikationsstellung ist in solchen Fällen einfach, man geht an die Operation heran, sobald man die Patienten da hat. Die erste Hilfe ist entscheidend. Trotzdem keine Sekunde zu verlieren ist, wo haben Sie die Patientin, bringen Sie sie uns bald herein! Formalitäten und lange Schreibereien sind überflüssig, ich operiere auch ohne Einwilligung der in solchen Fällen oft benommenen Kranken oder ohne Einwilligung der Angehörigen, die keinen blauen Dunst haben, das ist egal, ran an den Feind, aber nur unter striktester Befolgung der Regeln der Keimfreiheit. Hier gibt es keinen Pardon, wir müssen und werden uns hier genau an die Regeln der Asepsis halten, denn wir stehen im Begriff, einen der empfindlichsten und allemal zu Eiterungen neigenden Teil des Körpers, nämlich die Brusthöhle und den Herzbeutel, zu öffnen. So, da ist sie. Vorwärts! Vorsicht! Zart!« – –

Der hochgewachsene, hellblonde, etwas leichtsinnige Student der Medizin, Friedrich von B., sah Hildegard Anneliese wieder, die in seiner jüngsten Vergangenheit eine große, wenn auch nicht immer erfreuliche Rolle gespielt hatte.

Die Instrumente wurden auf einigen elektrisch geheizten Öfchen ausgekocht. Dichter Dunst stieg von den Instrumentenkesselchen auf und verzog sich in dem amphitheatralischen Raum. Trotzdem es gegen Mittag ging, war der Hörsaal düster. »Licht!« sagte der General. Die Lampen, unmittelbar unter der Decke soffittenartig angebracht, zischten auf, und ein schattenloses, fast rein weißes Licht ergoß sich über den Operationstisch, den Professor und seine Helfer und über die untersten Sitzreihen der Hörer. Eine Uhr, deren Zifferblatt man bisher nur undeutlich gesehen hatte, zeigte jetzt 11 Uhr und nicht ganz zwei Minuten. Der General schwieg. Man hörte nur das Brodeln des Wassers, das silbrige Klirren der vom siedenden Wasser hin und her bewegten Instrumente und das raunende Atmen der Zuhörer.

Jetzt stöhnte die Selbstmörderin dumpf auf. Sie schrie nicht, sie hielt, wie es schien, den Atem zurück, da ihr jede Bewegung des Brustkastens Schmerzen verursachte. Die Studenten sahen vor sich unten in der Tiefe, von der Deckenlampe grell beleuchtet, das Gesicht von verwirrten, feuchten, dunkelblonden Haaren umgeben, quittengelb, die Oberlippe tief über die Unterlippe hinabgezogen, feucht. Die hellgrauen Augen waren zusammengekniffen, dann wieder aufgerissen, die Lider zitterten, und die Sterne der Augen wanderten ruhelos von einem Winkel des Auges zum anderen. Die Kleidung war am Oberkörper bereits mit einer Schere durchschnitten, ein leichter Gazeschleier war über den Oberkörper gebreitet; an einer Stelle war er spitz abgehoben und diese Stelle bewegte sich rhythmisch. Es herrschte Ruhe. Der General und die Assistenten hatten aufgehört, mit ihren Bürsten die Arme und Hände zu scheuern und blickten die Patientin an.

Es schien als wäre es tiefe Nacht. Stille. Bloß das Sausen des Wassers, das Brodeln des Instrumentenkessels, das Sausen des Lichts und das gedämpfte, bei jeder Ausatmung wiederholte Stöhnen.

Der General hatte der Oberschwester gewinkt. Diese entfernte sehr sanft, als fürchtete sie, ihrer Geschlechtsgenossin wehe zu tun, den Gazeschleier mit einer sterilen Pinzette. Unter der linken Brust der Patientin sah man den Federhalter, er wippte mit jedem Herzschlag, als würde er von einer unsichtbaren Kraft zu einem Schattenstrich niedergedrückt, dann hob er sich wieder, als hätte er einen Haarstrich zu ziehen.

»Vor allem sehen Sie«, sagte der General, während er mit besonderer Intensität seine bereits krebsroten Arme von neuem mit der Bürste behandelte, »daß das Bewußtsein vollständig erhalten ist. Von dem in solchen Fällen nur zu verständlichen Schock abgesehen. Und keine Blutung. Die Blutung nach außen hat aufgehört. Sie wird wohl nur minimal gewesen sein.«

Er winkte den Studenten Friedrich von B. näher an die Leidende heran mit seinem muskulösen Männerarm, der im prallen Licht wie poliertes Metall glänzte.

»Vorwärts! Los! Narkose!«

Der Student zuckte die Achseln. Er zitterte vor Entsetzen am ganzen Körper und beherrschte sich nur unter Aufgebot aller Kräfte. Zur Überdrucknarkose brauchte er einen besonderen Apparat, der längst hätte hier sein sollen. Aber er war wegen einer kleinen Reparatur in einen anderen Raum geschafft worden und jetzt, wo es auf jede Sekunde ankam, fehlte er, und niemand wagte es dem Chef zu sagen.

Große Trommeln aus Nickelblech mit Mänteln, Hauben, Tüchern, Handschuhen aus Gummi und Verbandmaterial wurden sehr schnell von den Schwestern geöffnet, weiße, viereckige Laken wurden von ihnen zu zweit herausgeholt, ausgebreitet, der Kranken untergelegt, wobei die Oberschwester mit äußerster Zartheit den Oberkörper des Mädchens aufrichtete. Der Unterkörper wurde dann mit Tüchern bedeckt, nur der Oberkörper und das mit jeder Sekunde fahler werdende Gesicht blieben frei. Die Hände wurden angeschnallt, über die Oberschenkel wurde ein breiter Gurt gezogen.

Neun Minuten waren an der Sanduhr abgelaufen. Aus dem siedenden Wasser wurden die knisternden großen Siebe mit den Instrumenten hervorgehoben. Dampf dunstete in gewaltigen Schwaden auf. Auf kleinen, fahrbaren Tischchen sonderte die Oberschwester mit flinken Bewegungen das metallene Gerät in systematisch geordnete Reihen, die gleichartigen Instrumente nebeneinander, die größeren nach rechts, die kleineren nach links. Scheren, gerade und gekrümmte, vierfingerige Haken, Knochenzangen, Gefäßklemmen, Pinzetten, Nadelhalter, Büchsen mit sichelförmigen Nadeln und solche mit geraden Nadeln, Seide und Catgutfäden auf gläserne Spulen aufgerollt, der Stärke nach geordnet.

Die Sanduhr war nahezu abgelaufen, der Student blickte sich

im Saale um, und noch war der Narkoseapparat nicht da. Das Wasserrauschen verstummte jäh. »Jod!« sagte der Chirurg.

Jetzt erst, in der letzten Sekunde, rollte der Narkoseapparat herein, ein komplizierter Apparat. Die rostrote Bombe mit dem rostroten Hahn war die Sauerstoffbombe, die blaue Bombe mit dem blauen Hahn führte flüssige Luft und der grüne Hahn leitete den Narkosestoff zu. Blitzende Manometer, blanke, mit Flüssigkeit gefüllte Schaugläser zur Kontrolle jedes Atemzugs.

Der Student hielt, während dem Professor ein weißer Operationsmantel angezogen und ihm eine weiße Haube aufgestülpt wurde, dem jungen Mädchen die rötliche, dicht anschließende Gummimaske über Nase und Mund. Der Narkosestoff, mit Luft vermischt, rieselte durch ein durchsichtiges Glasgefäß in großen Perlen. »Tief atmen! Tief atmen!« sagte der Student mit tonloser Stimme zu dem Mädchen. Das Mädchen schüttelte stumm verbissen den Kopf. Sie stieß mit kraftlosen Bewegungen die Maske von sich fort, so gut sie es konnte. Die Maske kam ihr nach, aber das fahle Gesicht wand sich und suchte sich ihr zu entziehen. Sie riß den Mund auf, sie wollte schreien, sie wollte sich wehren. Sie wollte flüsternd bitten, sie spitzte den Mund. Aber kein Wort, nur immer das gleiche langgezogene, dumpfe Stöhnen entrang sich den völlig blutleeren, hautfarbenen Lippen.

»Jod!« wiederholte der General, während er Gummihandschuhe anzog. Metallisch bläuliches Braun bedeckte nun, mit einem breiten Stück Verbandstoff auf das Operationsfeld aufgetragen, die beiden Brüste, die Haut bis in die Gegend der Kehle nach oben, bis in die Nabelhöhe nach unten.

Mitten in dem braunen Feld wippte, aber müder schon, schneller und schwächer, wie kritzelnd, der Federstiel, getrieben vom ohnmächtig zitternden Herzen. Die bis jetzt noch deutliche Atmung wurde flacher. Die Augen waren nun weit geöffnet, sie irrten verzweifelt, aber klar, im großen Raume umher.

Unbegreiflich, daß ein so schwer verwundeter Mensch noch klar war, daß er wußte, was er tat, was er litt.

Schon zeigte sich bei dem General der eigentümliche, fast heitere, geradezu gelöste Ausdruck, der anzeigte, daß er den Gang der Operation mit allen möglichen Komplikationen bis in die Einzelheiten zu Ende überdacht hatte, so daß nur noch die technische Ausführung übrig blieb – aber warum war die Patientin noch wach? Ja, sie war fast lebhafter als vorher, und ihre Augen suchten und fanden endlich die Augen ihres früheren Geliebten.

Keine Sekunde zu verlieren, dachte der Student, es muß sein. Aber was sollte er ihr sagen, wie ihr alles begreiflich machen, wie sie zur Vernunft bringen, woran sie erinnern? Wer hat schuld? Wer macht es wieder gut? Zwei Minuten vor dem Tode? Elf Uhr, 12 Minuten.

»Und der Puls?« fragte der General.

Der Mediziner tastete an den schönen zarten Hals des Mädchens, dessen Konturen ihm vertraut waren aus lange versunkenen Zeiten. Er berührte weich mit den Spitzen des Zeige- und Mittelfingers die feuchte, weiche, lauwarme Haut.

»An der Halsschlagader nichts. Ich fühle an der Halsschlagader nichts.«

Aber das Mädchen hatte seine Hand gefühlt. Liebte sie ihn noch? Wollte sie wieder leben? Bereute sie? War sie noch die, die sie vor ein paar Minuten gewesen war?

Die Augenlider schlossen sich ihr mit einemmal, die langen Wimpern näherten sich und bildeten eine dichte, dunkelblonde, im prallen Licht fast messingfarbene Linie. Die Lippen öffneten sich zart. Man sah die milchweißen Zähne inmitten des blaß korallenroten Zahnfleisches. Sie atmete ihm entgegen, sie zog die Ätherluft ein mit flachen, schnellen Atemzügen. Elf Uhr, 13 Minuten.

»Also dann los auf jeden Fall. Schläft sie? Nein, noch nicht? Egal. Leben Hauptsache. Narkose Nebensache. Krieg ist Krieg.

Ran an den Feind. Kopf ganz tief lagern. Anämie des Gehirns vermeiden, Rückenmarkszentrum für Atmung und dergleichen vor allem versorgen, Halsmark. Das aus der Wunde ausfließende Blut drückt von außen auf das Herz und staut sich im Herzbeutel. Herztamponade nannte dies der geniale Ernst Bergmann. So, noch etwas tiefer, gut, genug.« Der Tisch hatte sich durch eine hydraulische Vorrichtung lautlos gesenkt. Der Student fühlte, wie der mit seidenweichen, feuchten Haaren bewachsene Kopf des Mädchens in seinen Schoß niedersank. Lebte sie noch? Litt sie? Sie stöhnte nicht mehr. Schlief sie? War sie wach? War sie tot?

»Also bitte!«

Aus einer kristallglänzenden Schale mit Alkohol hob der Oberarzt ein dünnes, wie eine Fischflosse weich geschweiftes Nickelmesserchen mit stählerner, bläulich funkelnder Schneide. Der General nahm es am oberen Ende, fast so wie ein Maler einen Pinsel und zeichnete mit der Schneide, als versuche er nur die Linienführung einer Arabeske, eine bogenförmige Linie, die auf der Mitte des Oberkörpers begann und die linke Brust an deren unterem Rande umkreiste. Die Linie war mit blassem hingehauchten Rot gezogen. Kein richtiger Tropfen Blut. Die Assistenten faßten die Wundränder mit den Haken von rechts und links und zogen sie weit auseinander. Die Patientin stöhnte auf. Dann verstummte sie. Der Student gab Äther. Das Messer verschwand aus der Hand des Chirurgen, man sah nicht wie, und jetzt wechselten die Instrumente in seiner rechten Hand, große und kleine, scharfe und stumpfe, schneidende und lösende, zupackende und auslassende.

Die Hände des Chirurgen und die seiner Helfer staken in eng anliegenden, rötlichen Handschuhen aus dünnstem Gummi, die sich so dicht an die Finger anschmiegten, daß man die Konturen der Nägel hindurchtreten sah. Im Operationsfeld war nur die eine große langfingerige Hand des Generals mit ihren scheinbar lässigen und zufälligen, in Wirklichkeit aber genau präzisierten und methodischen Bewegungen sichtbar. Die anderen Hände waren mit dem Halten der Wundränder, mit dem Zureichen von Instrumenten oder Gazebäuschchen und mit allen möglichen unterstützenden Maßnahmen beschäftigt, die der General meist mit dem Blick dirigierte, nur die wichtigsten Kommandos mit seiner Stimme erteilend. Was er sagte, war mehr für die Hörer bestimmt, um ihnen den Gang seiner Operation verständlich zu machen.

»Sie sehen, es fließt fast kein Blut. Leider nicht. Der Blutdruck ist minimal. Vorsicht bei der Narkose. Lassen Sie sie lieber stöhnen, nur das Nötigste, nur daß sie uns nicht erwacht. Sie ist im Schock, wird kaum schmerzempfindlich sein. Hier, im Unterhautzellgewebe knistert es, Luft dringt hervor, aus dem verletzten Brustraum hervorgepreßt. Was tun? Wir nehmen hier ein Stück des Brustbeins mit, hier klappen wir die Rippen auf. Wir machen ein Portal zum Herzen, eine Art Tür. Da müssen wir zwei, drei, ja gut vier Rippen durchtrennen unter Schonung der Knochenhaut, denn alles soll später wieder zusammenwachsen. Das geht ganz leicht. Wieder Luft. Beim Atmen saugt die Wunde Luft von außen ein. Nicht die Köpfe zu nahe daran! Kein Eiterkeim darf hinein. Geben Sie jetzt bei der Narkose mehr Druck! Nur eine Spur Äther und sehr viel Sauerstoff. Jetzt gehen wir an den Feind ran. Fassen das Selbstmordinstrument von außen mit einer Beißzange, halten Sie es einmal so fest. Und hier dringen wir ihm nach, das ist der Weg, den die Feder genommen hat, man sieht die Spuren von Tinte noch hier markiert. Jetzt mobilisieren wir es, drehen Sie von außen ein wenig, gut! Ziehen Sie jetzt sachte daran, stärker, energischer, schön! Jetzt ist es raus. Gut, fort damit in die Sammlung. Richtiger Blödsinn, da nimmt der Mensch in der Verzweiflung, was er gerade bei der Hand hat. Und jetzt an die Rippen, paß mal auf, Rippenschere, ja, vorsichtig anlegen, erst den Finger darunter und jetzt drücke ich durch und jetzt kommt die nächste dran. Finger drunter und den ganzen Haut-Knochenlappen vorsichtig nach oben halten, ohne

Gewalt. Ein, zwei, und noch eine, eins, zwei, zuck, zuck, los, aber nicht ausrutschen, ganz unverrückt den Lappen halten, verdammt noch mal, nur mit der Ruhe, so sachte, saachte, gut!«

Der Student von B. hielt seine Hand über den Mund des Mädchens, der Hauch des Atems war kaum zu spüren. »Maske nicht lüften! Überdruck muß bleiben. Sie atmet noch, fürchten Sie nur nichts, wir hier oben wissen es besser, wir sehen wie die Lunge sich bläht, kontrollieren Sie die Narkose, wie es geht, so geht es. Achtung! Der Herzbeutel, hier! Vorwärts!

Scharfe Klemme. Klemme. Größere! Kleinere! Mittelgröße, passen Sie doch auf und drehen Sie das Ding ein wenig nach außen! Noch eine und noch eine und so weiter ohne langes Gerede! Hier ist die Wunde im Herzbeutel, zackig, zick-zack, so muß es hindurchgegangen sein, nicht ein einfacher Schnitt, selbstverständlich, denn der Herzbeutel hat sich im Augenblick der Verwundung gespannt, gedreht, wie bei jedem Herzschlag. Kropfsonde, wir wollen hinein, wir wollen tiefer und tiefer!«

Die Sonde, ein fingerartiges, längs gerieftes Instrument auf vernickeltem Stahl, schlüpfte glatt durch die Wunde in die blutige, dunkle Tiefe.

»So. Bitte halten Sie die Sonde unter. Darüber, bitte, jetzt die Schere, am besten eine gerade, ja und unten stützen, die Sonde genau unter die Schere halten. Ein Schnitt! So, gut. Und jetzt erst einmal klare Sicht! Alles voll Blutgerinsel. Das muß fort! Wir räumen das aus. Leicht fortwischen, nicht am Herzbeutel reiben, das liebt er nicht. Jetzt haben wir klare Sicht, lange wird's nicht dauern, wir müssen die Wunde haben. Ohne Verzug! Gerade unter unsern Augen kann sie sein, muß aber nicht sein. Wo blutet es? Woher blutet es? Wie das schweißt! Tupfen Sie. Kopf weg, nur ich muß sehen, gehen Sie mir aus dem Weg! Tupfen Sie, nicht die Hand ran, nur mit der Pinzette tupfen, zarter, energisch, zart habe ich gesagt, zart und energisch zugleich und nicht reiben, nicht scheuern! Achtung! Noch! Bald wird's Tag! Wie ist es mit dem Puls? Ist was da? Nichts? Also dann Kochsalzlösung ran, soviel man schafft, Blut wäre besser, Bluttransfusion, dauert aber zu lange, wir müßten erst die Blutgruppe haben, dauert zu lange, in die große Ellbogenblutader Kochsalz hinein, soviel wie hineingeht, Lebensersatz, Blutillusion! Und einer der Herren stellt im Laboratorium die Blutgruppe fest, haben wir dann einen Blutspender da? Sie haben uns auch einmal Blut gegeben, Herr B., welche Blutgruppe haben Sie? Aufpassen, nur die nächsten hundert Sekunden! Ruhe! Los! Fixation des Herzens! Mit dem zappelnden Herzen kommen wir nie zurecht. Es muß fest gehalten werden. Es muß heraus aus seinem Bau! Heraus, du Feigling! sage ich. Wir müssen es ganz festhalten und müssen es zugänglich haben, wenn wir es nähen wollen. Also Nähte her zur Fixation! Ja, so ein Faden ist das rechte. Dünne Seide, krumme Nadel, diese Größe wird recht sein, her damit, was soll das Getändel, nicht zu kurz einfädeln und gleich her mit dem Nadelhalter und Sie halten den Herzbeutel ab und Sie nehmen das Ende des Fadens auf, damit es nicht schleppt. Hier sehen Sie, steche ich in den serösen Überzug des Herzens, linker Ventrikel, Spitze, ein, hier gleich wieder aus, jetzt haben wir eine Schlinge, die hält uns hier der Bruder da, und dasselbe noch einmal etwas weiter oben und etwas nach rechts zu und noch eine Schlinge nach der Seite zu, so sehen Sie, fasse ich die Herzmuskulatur mit der Nadel, steche ein, ziehe durch, steche aus, Nadel fort, die Enden zusammen, und wir haben es geschafft. Den Faden angehängt und vorsichtig jetzt heraus mit dem Herzen aus der Höhle. Es blutet? Lassen Sie es bluten. Natürlich blutet es. Heben Sie an! Schneller, zarter, höher! Noch etwas vielleicht. Unverzagt, so zur Seite. An dieser Herzwand ist nichts. Da auch nichts. Also anders herum! Etwas heben bitte, und rechts herum! Unverrückt und wieder tupfen, ganz fein, ohne zu pressen. Halt! Halt! Hier ist es! Hier ist die Wunde! Finger in die Wunde, Sie Finger *an* die Wunde, sage ich. Halten Sie ganz zart die Wundränder zusammen, geben Sie mit der Hand dem Herzen nach, wenn es schlägt! So, gut. Aber wir möchten auch etwas sehen! Drücken Sie nicht. Genügt. Ist gut, ist recht. Also voran zur Herznaht! Dieselbe Seide wie vorher. Erste Naht, quer gefaßt. Wundrand links, Wundrand rechts, Faden heraus, Knoten geschürzt, Faden an Klemme angehängt und so gehalten. Stimmt. Die obersten Schichten fassend. Oberarzt, übernehmen Sie die Naht und halten Sie mir die Herzwand etwas entgegen, nein, etwas drehen nach rechts, und immer mitgehen mit den Bewegungen des Herzens. Gut. Zweite Naht. Zur Sicherheit etwas tiefer gefaßt. Rein, raus, Knoten geschürzt, langsam von beiden Seiten gleichmäßig zusammengezogen, und wieder angehängt. Die Blutung wird schwächer, aber noch ist es nicht genug! Regt sich etwas am Puls? Noch nicht? Und wie ist die Atmung? Elend? Nur mit der Ruhe. Weg mit der Hand. Dritte Naht. Gut ist. Blutung steht. Die Herzwunde ist geschlossen. Schere, die Fäden der drei Nähte abschneiden! Nicht zu kurz! Aber auch keinen Schwanz! Nein. Gut. Noch eine vierte? Nein, wird genügen. Laß sein. Die Naht ist solide genug, sie wird stehen auch dann, wenn der Blutdruck steigt und die Gefäße sich normaliter füllen. Puls? Nein? Kommt schon. Kommt schon! Lebt das Herz, lebt der Mensch. Sie sehen, der Herzmuskel erholt sich zusehends, die Schläge werden markanter, er zieht sich richtig zusammen und erschlafft richtig, nicht mehr das hysterische Gezitter und Geflimmer wie vorhin. Das war in extremis, kann man wohl sagen. So, geben Sie wacker Kochsalz in die Armvene, aber stören Sie uns hier oben nicht und kommen Sie uns mit dem Dreckzeug nicht zu nahe. Den Herzzügel nachlassen, die Fäden herausziehen, alles der Reihe nach. Sie sehen schon, wie der Herzmuskel an den drei Zügeln zerrt wie ein ungezogenes Füllen, er erstarkt uns unter der Hand. Gut, und der Puls? Kaum zu tasten. Wir werden schon helfen! Geben Sie uns jetzt das Adrenalin, wir schießen ihr die Spritze mit der Nebennierenlösung direkt ins Herz. Gut. Hat es. Nun?«

»Der Puls ist – – da. Ich glaube.«

»Wir glauben es auch. Und die Atmung?«

Der Student sah in dem Schauglase des Narkoseapparats die Perlen der ausgeatmeten Luft silbrig in immer lebhafter werdendem Strome emporsteigen. »Geht gut«, sagte er.

»Jetzt Naht des Herzbeutels. Da nehmen wir Catgut. Am Herzen wagten wir es nicht. Seide ist sicherer. Aber der Herzbeutel hat nicht den gewaltigen Herzdruck auszuhalten. Wird gehen, wird sich machen. Jetzt die Rippen wieder zurück in die alte Lage, die Knochenhaut nähen wir mit ein paar Heftfäden in aller Eile. Ein Glasrohr unter die Haut. Hier, unten am tiefsten Ort. Muskel – Fascie-Schluß der Wunde, das ist: Hautnaht, feine Seide, nur ein paar Stiche. Narkose?«

»Lange schon fort.«

»Gut. Reinen Sauerstoff weiter, dreiundeinhalb Liter, vier Liter, für und für. Und Kampfer zur Sicherheit. Den Kopf auch oben im Krankenzimmer tief lagern. Die Bluttransfusionen nur, wenn Bedarf. Eher ja als nein. Welche Blutgruppe? A? Und Sie, Herr B.?«

»Auch A.«

»Kann man gar nicht besser haben. Herr Oberarzt und Herr B. bleiben bei ihr. Wann haben wir begonnen?«

»Elf Uhr 13 Minuten.«

»Dauer der Operation: siebeneinhalb Minuten. Vor hundert Jahren konnte der Leibarzt Napoleons ein Bein in der gleichen Zeit in der Hüfte absetzen, mit Stumpf und Stiel, eingeschlossen Blutstillung, etc. Aber das waren andere Meister als wir. So, fassen Sie die Patientin recht vorsichtig an und heben Sie sie in das Bett, oder besser, lassen Sie mich das tun. So – so –. Sind Wärmflaschen da? Zudecken! Zudecken! Zudecken! Alles gut. Alles in Ordnung. Alles andere überlassen wir – dem Glück. Guten Morgen, meine Herren, guten Morgen.«

Robert Walser:

Angst

Ich möchte,
die Häuser regten sich,
sie kämen auf mich los,
das wäre schauerlich.

Ich möchte,
mein Herz verdrehte sich,
und mein Verstand stünd' still,
das wäre schauerlich.

Das Schauerlichste möchte
ich pressen an mein Herz.
Ich sehne mich nach Angst,
nach Schmerz.

Anne Duden:
Fassungskraft mit Herzweh

....

Mein Leben ist ganz klein geworden. Eine Winzigkeit, in der ich mich nicht wiedererkenne. Allerdings scheint fast alles Nötige untergekommen zu sein: Herz, Blut, Gedankengänge, Gefühlsausbrüche und vieles mehr, nachdem sie offenbar erst bis zur Unkenntlichkeit auseinandergenommen und säuberlich zertrümmert und dann – vielfach ineinander verbissen und verzahnt – neu eingedickt und fest zusammengepreßt wurden in miteinander verschweißten Informationskettchen und -tunneln. Ich weiß nicht, wann die Wandlung stattgefunden, über welchen Zeitraum sie sich hingezogen hat. Ich weiß nur, daß es jetzt so ist, daß ich eine lebende Winzigkeit bin. Ich frage mich aber auch, wie ich das aushalten soll, so auf kleinstem Raum zusammengepfercht zu sein.

Oft zum Beispiel ist da neuerdings ein plötzliches Flocken

und Aufwallen in meinen Eingeweiden, das mir Sekunden später schon zu Kopf steigt und sich dann sogleich teilt in eine unter der Schädeldecke verbleibende Gallertmasse einerseits und einen vor meine Augen tretenden Schwindel andererseits, der wiederum alles vor mir sich Befindende in eine wolkige Tanz- und Taumelbewegung versetzt, so daß mein Kopf sich immer mitdrehen und -wenden muß.

Oft tut mir auch das Herz so weh, als sei es überbevölkert, als säßen meine weiblichen und männlichen Lieblingswesen, dazu meine Eltern, Brüder und viele andere, als Kinder zusammengekauert und weinend, ja ununterbrochen aufschluchzend in ihm und beutelten es aus, und ihre Tränenflüssigkeit ätzte die ohnehin schon abgewetzte Innenhaut weg und sinterte dann allmählich durch bis auf die Knochen. Dabei faßt schon ein normal ausgewachsenes, ungeschrumpftes Herz nur etwa soviel wie eine ausgewachsene Faust.

Ingeborg Bachmann:

Fall ab, Herz

Fall ab, Herz, vom Baum der Zeit,
fallt, ihr Blätter, aus den erkalteten Ästen,
die einst die Sonne umarmt',
fallt, wie Tränen fallen aus dem geweiteten Aug!

Fliegt noch die Locke taglang im Wind
um des Landgotts gebräunte Stirn,
unter dem Hemd preßt die Faust
schon die klaffende Wunde.

Drum sei hart, wenn der zarte Rücken der Wolken
sich dir einmal noch beugt,
nimm es für nichts, wenn der Hymettos die Waben
noch einmal dir füllt.

Denn wenig gilt dem Landmann ein Halm in der Dürre,
wenig ein Sommer vor unserem großen Geschlecht.

Und was bezeugt schon dein Herz?
Zwischen gestern und morgen schwingt es,
lautlos und fremd,
und was es schlägt,
ist schon sein Fall aus der Zeit.

Oscar Wilde:
Die Nachtigall und die Rose

....

»Sie würde mit mir tanzen, sagte sie, wenn ich ihr rote Rosen brächte«, rief der junge Student, »aber in meinem Garten gibt es nicht eine einzige rote Rose.«

Die Nachtigall, die in ihrem Nest in der Steineiche saß, hörte dies, blickte durch die Blätter und wunderte sich.

»Nicht eine einzige rote Rose ist in meinem Garten!« rief er, und seine schönen Augen füllten sich mit Tränen. »Ach, von welch kleinen Dingen hängt doch das Glück ab! Ich habe alles gelesen, was die Weisen geschrieben, und alle Geheimnisse der Philosophie sind mein; aber eine einzige rote Rose, die ich brauche und nicht finde, macht mein Leben elend.«

»Endlich ein wahrer Liebender«, sagte die Nachtigall. »Nacht für Nacht sang ich von ihm, den ich nicht kannte: Nacht für Nacht sang ich seine Geschichte in die Sterne, und nun sehe ich ihn. Sein Haar ist dunkel wie die Hyazinthenblüte, und seine Lippen sind rot wie die Rose seiner Sehnsucht; aber die Leidenschaft macht sein Gesicht bleich wie Elfenbein, und die Sorge drückt ihr Siegel auf seine Stirn.«

»Der Prinz gibt morgen abend einen Ball«, flüsterte der Student, »und meine Liebste wird dort sein. Bring ich ihr die rote Rose, wird sie mit mir tanzen, bis der Morgen graut. Bring ich ihr die rote Rose, werde ich sie in den Armen halten, ihren Kopf wird sie an meine Schulter lehnen, und ihre Hand wird die meine umfassen. Aber es blüht keine rote Rose in meinem Garten; so muß ich einsam sein, und sie wird an mir vorübergehn. Sie wird mich nicht beachten, und mein Herz wird brechen.«

»Wirklich ein wahrer Liebender«, wiederholte die Nachtigall. »Er leidet, was ich singe; für mich ist's Freude, für ihn Pein. O sicher, Liebe ist etwas Wundervolles, edler als Smaragde und lieblicher als schillernder Opal. Perlen und Granate können sie nicht erkaufen, kein Markt bietet sie feil. Von keinem Kaufmann kann sie erworben, mit keinem Gold aufgewogen werden.«

»Die Musikanten werden auf ihrem Podium sitzen und auf ihren Geigen spielen«, sagte der Student. »Meine Liebste wird zum Klang der Harfe und der Geige tanzen. Oh, sie wird so leicht dahinschweben, daß ihr Fuß kaum den Boden berührt, und die Höflinge in ihren bunten Gewändern werden um sie sein. Mit mir aber wird sie nicht tanzen, denn ich habe nicht die rote Rose für sie.« Und er warf sich ins Gras, vergrub sein Gesicht in den Händen und weinte.

»Warum weint er?« fragte die kleine grüne Eidechse, die mit schlängelndem Schwanz an ihm vorbeilief.

»Ja warum?« sagte der Schmetterling, der nach einem Sonnenstrahl umherschaukelte.

»Ja warum?« wisperte das Maßliebchen zu seiner Nachbarin.

»Er weint um eine rote Rose«, sagte die Nachtigall.

»Um eine rote Rose«, riefen sie, »wie lächerlich!« Und die kleine Eidechse, die immer ein wenig zynisch war, lachte laut auf.

Die Nachtigall aber verstand das Geheimnis dieses Kummers; sie saß schweigend in der Eiche und dachte über die Liebe nach.

Plötzlich breitete sie ihre Flügel aus und schwang sich in die Nacht. Sie durchstreifte den Hain wie ein Schatten, und wie ein Schatten schwebte sie über dem Garten.

Inmitten des Rasens stand ein schöner Rosenstrauch, und als die Nachtigall ihn sah, flog sie drauf zu und setzte sich auf einen Zweig.

»Schenk mir eine rote Rose«, rief sie, »und ich sing dir mein lieblichstes Lied.«

Aber der Rosenstrauch schüttelte den Kopf.

»Meine Rosen sind weiß«, antwortete er, »so weiß wie der Gischt des Meers und weißer als der Schnee auf den Bergen.

Doch flieg zu meinem Bruder, der um die alte Sonnenuhr wächst; vielleicht gibt er dir, was du wünschst.«

So flog die Nachtigall hinüber zum Rosenbusch, der um die alte Sonnenuhr wuchs.

»Schenk mir eine rote Rose«, rief sie, »und ich sing dir mein lieblichstes Lied.«

Doch der Rosenbusch schüttelte seinen Kopf.

»Meine Rosen sind gelb«, erwiderte er, »gelb wie das Haar der Nixe, die auf dem Bernsteinthrone sitzt, und gelber noch als die Narzisse, die auf der Wiese blüht, bis der Schnitter mit seiner Sense kommt. Aber flieg zu meinem Bruder, der unterm Fenster des Studenten wächst, vielleicht gibt er dir, was du wünschst.«

So flog die Nachtigall hinüber zum Rosenstrauch, der unterm Fenster des Studenten wuchs.

»Schenk mir eine rote Rose«, rief sie, »und ich sing dir mein lieblichstes Lied.«

Doch der Rosenstrauch schüttelte den Kopf.

»Meine Rosen sind zwar rot«, erwiderte er, »rot wie die Füße der Taube und röter noch als die weiten Korallenfächer, die unter der Wölbung des Meeres wogen und wogen. Doch der Winter ließ meine Adern erstarren; der Frost tötete meine Knospen, und der Sturm knickte meine Zweige; in diesem Jahr werde ich keine Rosen mehr tragen.«

»Eine einzige rote Rose will ich«, rief die Nachtigall, »nur eine einzige rote Rose! Weißt du denn nicht, wo ich sie finden und wie ich sie gewinnen kann?«

»Es gibt wohl eine Möglichkeit«, sprach der Rosenstrauch, »aber sie ist so schrecklich, daß ich sie dir nicht zu sagen wage.«

»Sprich doch«, sagte die Nachtigall, »ich fürchte mich nicht.«

»Wünschst du eine rote Rose, so mußt du sie im Mondlicht formen aus Gesang und röten mit deinem Herzblut. Mit einem Dorn in der Brust mußt du für mich singen, singen die ganze

Nacht, und der Dorn muß dein Herz durchbohren; dein Blut muß in meine Adern fließen und mein Blut werden.«

»Der Tod ist ein hoher Preis für eine rote Rose«, klagte die Nachtigall, »und jeder liebt das Leben. Herrlich ist es, in den grünen Wäldern zu sitzen, den goldnen Sonnenwagen zu schauen und die Perlengondel des Monds. Süß ist der Duft des Weißdorns, und süß sind die Glockenblumen, die im Tal sich verbergen, und das Heidekraut, das am Hügel blüht. Doch mehr als das Leben ist die Liebe, und was ist schon das Herz eines Vogels gegen ein Menschenherz?«

So breitete sie die braunen Flügel aus und erhob sich in die Luft. Sie strich wie ein Schatten über den Garten, und wie ein Schatten schwebte sie über den Hain.

Der junge Student lag noch immer im Gras, wie sie ihn verlassen hatte, und die Tränen in seinen schönen Augen waren noch nicht versiegt.

»Sei fröhlich«, rief die Nachtigall, »sei fröhlich; du sollst deine rote Rose bekommen! Im Mondschein will ich sie formen aus meinem Gesang und röten mit meinem Blut – ich fordere nur, daß du ein wahrer Liebender bleibst, denn die Liebe ist weiser als Philosophie, so weise sie auch ist, und mächtiger als die Macht, so mächtig sie auch sein mag. Flammenfarben sind ihre Flügel, und von der Farbe der Flamme ist ihr Leib. Ihre Lippen sind süß wie Honig, und ihr Atem ist wie Weihrauch.«

Der Student schaute vom Grase auf und lauschte; aber er verstand nicht, was die Nachtigall sang; denn er wußte nur, was in Büchern geschrieben stand.

Doch die Eiche verstand es, und sie ward traurig, denn sie liebte die kleine Sängerin, die ihr Nest in ihren Zweigen hatte.

»Sing mir ein letztes Lied«, flüsterte sie; »ich werde sehr einsam sein, wenn du fort bist.«

So sang denn die Nachtigall der Eiche ein Lied, und ihre Stimme war wie der Wasserstrahl, der aus silbernem Gefäße perlt.

Als sie ihren Gesang geendet, erhob sich der Student und entnahm seiner Tasche Notizbuch und Bleistift.

»Sie hat einen herrlichen Ton«, sprach er zu sich selber, als er durch den Hain hinwegging, »das kann man nicht leugnen. Doch besitzt sie auch Gefühl? Ich fürchte nein. Sie ist eben wie die meisten Künstler. Alles ist Stil an ihr ohne Ernsthaftigkeit. Sie würde sich nicht für andere opfern. Sie denkt nur an die Musik, und jeder weiß doch, daß die Kunst selbstsüchtig ist. Und doch muß man zugeben, daß ihre Stimme oft herrlich klingt. Schade, schade, daß der Klang so wenig Sinn hat und keinen praktischen Wert besitzt.« Und er ging in sein Zimmer, legte sich auf das Strohbett und dachte an seine Liebe. Nach einer Weile schlief er ein.

Als der Mond am Himmel leuchtete, flog die Nachtigall zum Rosenstrauch und stach den Dorn in ihre Brust. Sie sang, den Dorn in ihrer Brust, die lange Nacht hindurch, und der Mond, der kristallne kalte, neigte sich herab und lauschte. Die ganze lange Nacht hindurch sang sie; immer tiefer drang der Dorn der Rose in ihre Brust, und ihr Blut verrann.

Zuerst sang sie vom Erwachen der Liebe im Herzen eines Jünglings und eines Mädchens. Und an der höchsten Spitze des Rosenstrauchs erblühte eine herrliche Rose, ein Blütenblatt folgte dem andern, wie ein Lied dem andern folgte. Noch war die Rose fahl wie der Nebel, der überm Flusse hing – fahl wie die Fußspitzen des Morgens und silbern schon wie die Flügel des erwachenden Tages. Wie das Bild einer Rose im Silberspiegel, wie das Bild einer Rose im Spiegel des Teichs, so war die Rose, die auf der höchsten Spitze des Rosenstrauchs sich entfaltete.

Doch der Strauch mahnte die Nachtigall, den Dorn tiefer in die Brust zu stechen. »Viel fester, kleine Nachtigall«, rief er, »oder der Tag kommt, noch ehe die Rose vollendet ist.«

Die Nachtigall preßte den Dorn tiefer in die Brust hinein, und immer lauter wurde ihr Lied, als sie von der keimenden Leidenschaft in der Seele eines Mannes und einer Jungfrau sang.

Ein zarter rötlicher Hauch überzog die Blüte wie das Antlitz des Bräutigams, der die Lippen der Braut küßt. Noch aber hatte der Rosendorn nicht das Herz der Nachtigall erreicht, so daß der Rose Herz noch weiß war; denn nur das Herzblut der Nachtigall kann das Herz einer Rose röten.

Und nochmals mahnte der Strauch die Nachtigall, den Dorn tiefer zu stechen. »Viel fester, kleine Nachtigall«, rief er, »oder der Tag kommt, noch ehe die Rose vollendet ist.«

Noch tiefer trieb die Nachtigall den Rosendorn in ihre Brust, und er berührte ihr Herz; wilder Schmerz durchzuckte sie. Bitter, bitter war der Schmerz, und wilder, immer wilder wurde ihr Lied, denn nun sang sie von der Liebe, die sich vollendet im Tode und unsterblich bleibt über das Grab hinaus.

Und die Rose rötete sich herrlich wie die Rose am östlichen Himmel. Dunkelrot war der Kelch der Blüte und wie ein Rubin glühend ihr Herz.

Der Nachtigall Stimme aber verlor sich, ihre kleinen Flügel begannen zu flattern, und ein Schleier bedeckte die Augen. Leiser, immer leiser wurde ihr Lied, und enger schnürte sich ihre Kehle.

Da brach noch einmal die Flut der Töne hervor. Der weiße Mond hörte es; er dachte nicht mehr an den Morgen und säumte auf seiner Bahn. Die rote Rose hörte das Lied, zitterte vor Entzücken, und ganz öffnete sich ihre Blüte in die kalte Morgenluft. Das Echo trug es zu seiner purpurnen Wohnung in den Hügeln und weckte die schlafenden Hirten aus ihren Träumen. Es wehte durchs Schilfrohr am Fluß, und das Schilf gab die Botschaft weiter dem Meer zu.

»Sieh doch, sieh!« rief der Rosenstrauch. »Die Rose ist vollendet.« Aber die Nachtigall gab keine Antwort; sie lag tot im hohen Gras, den Rosendorn im Herzen.

Als der Mittag kam, öffnete der Student sein Fenster und blickte hinaus. »Oh! Welch unermeßliches Glück«, rief er, »eine rote Rose! Mein Leben lang habe ich noch keine Rose gesehen wie diese. Sie ist so schön, daß sie wohl einen langen lateinischen Namen hat.« Er beugte sich aus seinem Fenster und brach sie ab.

Dann setzte er seinen Hut auf und lief, die Rose in seiner Hand, zum Haus des Professors.

Die Tochter des Professors saß gerade in der Laube und wickelte blaue Seide auf eine Spule; ihr kleiner Hund lag zu ihren Füßen.

»Sie sagten«, rief der Student, »Sie würden mit mir tanzen, wenn ich Ihnen eine rote Rose brächte! Hier ist die röteste Rose der Welt. Sie werden sie heute abend am Herzen tragen, und während wir tanzen, wird sie erzählen, wie sehr ich Sie liebe.«

Doch das Mädchen zog die Stirn in Falten.

»Ich fürchte, sie wird nicht zu meinem Kleid passen«, antwortete sie, »und außerdem ließ mir des Kammerherrn Neffe echte Edelsteine überbringen. Und alle wissen doch, daß Edelsteine teurer sind als Blumen.«

»Oh, Sie sind undankbar, sehr undankbar«, sagte der Student zornig und warf die Rose auf die Straße. Sie fiel in den Rinnstein, und das Rad eines Wagens rollte über sie hin.

»Undankbar?« sagte das Mädchen. »Ich glaube, Sie sind sehr ungezogen! Wer sind Sie denn schon? Ein kleiner Student. Ich glaube nicht, mein Herr, daß Sie Silberschnallen an Ihren Schuhen haben wie des Kammerherrn Neffe.« Und sie stand von ihrem Stuhl auf und ging in das Haus.

»Was für eine alberne Angelegenheit ist doch die Liebe«, sagte der Student im Weggehn. »Sie ist nicht halb so nützlich wie die Logik, denn mit ihr läßt sich nichts beweisen. Sie erzählt immer von Dingen, die niemals geschehen, sie macht einen glauben, was nie wahr sein wird. Wirklich – sie ist nicht brauchbar. Ich will wieder Philosophie studieren und Metaphysik. Heutzutage achtet man nur den, der praktisch zu sein weiß.«

Er kehrte in sein Zimmer zurück, zog ein staubiges dickes Buch hervor und begann zu lesen.

Albert Ostermaier:

schneewitwchen

›Tell me
how does it feel to be
on your own‹
Bob Dylan

keine angst ich geh von allein &
such mir die passende kühlbox wo
ich überwintern kann für deine
liebe die zu spät kommt mit einem
rosendorn im kalten herz wart ich auf
dich wenn alles von mir abgefallen ist
& ich schon dahinschmelz auf einer
parkbank eines schönen morgens
dass du mich nimmst wie ein schneller
brüter & ich mir das hirn nicht
länger spalten muss ob ich nur
der müllsack bin den du durch dein
leben schleifst bis du ihn
abfahren lässt

Doris Lessing:
Wie ich endlich mein Herz verlor

....

Wie leicht wäre es, zu sagen, ich habe ein Messer genommen, mir die Seite aufgeschlitzt, mein Herz herausgeholt und es fortgeworfen; doch leider war es nicht so einfach. Nicht, daß ich es mir nicht oft gewünscht hätte, wie wohl jeder andere auch. Nein, es geschah ganz anders und nicht, wie ich es mir vorgestellt hatte.

Es passierte, nachdem ich gerade mit zwei verschiedenen Männern zu Mittag gegessen und Tee getrunken hatte. Mit dem Mann vom Mittagessen hatte ich (so ungefähr) vier Jahre und sieben Zwölftel zusammengelebt. Als er mich wegen neuer Jagdgründe verlassen hatte, verbrachte ich zwei Jahre (oder waren es drei) mehr tot als lebendig; und mein Herz war ein Stein, den ich unmöglich mit mir herumtragen konnte, wenn man bedenkt, wieviel sonst noch auf einem lastet. Dann befreite ich mich allmählich und mit großer Mühe, denn mein Herz hing mit tausend Fasern an meiner ersten Liebe – aus anderer Sicht könnte er allerdings zu Recht entweder als meine zweite *wirkliche* Liebe bezeichnet werden (mein Vater als die erste) oder als meine dritte (mein Bruder drängte sich noch dazwischen).

Wie es in dem Volkslied heißt:

Drei Männer nur hab' ich geliebt in meinem Leben,
Mein' Vater, mein' Bruder und den Mann,
der mir nahm das Leben.

Doch sähe man sich das Ganze von außen an, ohne tieferen Einblick, dann könnte er als der dreizehnte gelten (in etwa jedenfalls, ich bin vergeßlich), was allerdings bedeuten würde, daß man die innere Gefühlswahrheit außer acht ließe. Denn jene Affären, Verwicklungen, die man zwischen *ernsthaften* Liebschaften hat, zählen ja bekanntlich, auch wenn sie vielleicht in die Dutzende gehen und sich über Jahre hin erstrecken, *nicht wirklich.*

Diese Art der Betrachtung bringt eine ganze Reihe von Unglücklichen mit sich, denn man weiß ja, was für einen selbst nicht wirklich zählt, kann für einen anderen sehr wohl zählen. Aber über diese Schwierigkeit kommt man nicht hinweg, schließlich ist eine *ernsthafte* Liebe die wichtigste Sache im Leben, beinahe jedenfalls. Zumindest sind wir alle auf der Suche danach. Selbst wenn gerade etwas nun wirklich Ernsthaftes mit jemandem abläuft, werfen wir dennoch aus dem Augenwinkel vielsagende Blicke umher, für den Fall, daß eine unerwartete Begegnung mit einem Fremden sich als noch ernsthafter herausstellen könnte. Wir sind alle völlig überzeugt, daß wir auf unserem Weg zu dem *Richtigen* das Recht dazu haben, tausend Leute zu prüfen, zu probieren, an ihnen zu nippen und zu naschen. Ohne Übertreibung kann man sagen, daß in unseren Kreisen das Prüfen und Probieren die wohl zweitwichtigste Beschäftigung ist, nach der ersten, dem Geldverdienen. Oder anders ausgedrückt, wenn man es ernst mit dieser Sache meint, dann schläft man mit jedem, der sich anbietet, bis etwas klickt und es losgehen kann.

Ich bin etwas abgeschweift: Ich betrachte diesen Mann, mit dem ich zu Mittag aß (nennen wir ihn A) als meine erste Liebe, und tue es noch immer, trotz der Freudianer, die darauf bestehen, meinen Vater als A anzusehen und meinen Bruder wahrscheinlich als B, womit sie meine (wirkliche) erste Liebe zu C machen. Und auch trotz derer, die fragen könnten: Was ist mit Ihren zwei Ehemännern und all den Affären?

Was ist mit denen? Ich habe sie nicht *wirklich* geliebt, so wie ich A geliebt habe.

Ich aß mit ihm zu Mittag. Danach trank ich, rein zufällig, mit B Tee. Wenn ich an dieser Stelle B sage, so meine ich damit meine *zweite* ernsthafte Liebe, nicht meinen Bruder oder die Jüngelchen, in die ich zwischen fünf und fünfzehn verliebt war, falls wir fünfzehn (ganz willkürlich) als die Schwelle ansehen, von der es kein Zurück gibt – wobei dieser letzte Satz schon an sich eine ganz schön mutige Herausforderung profaner Schiedsrichter darstellt.

Zwischen A und B (nach meiner Rechnung) gab es ziemlich viele Affären oder Kostproben, doch sie zählten nicht. Zwischen mir und B *klickte* es, wir zündeten wie eine Bombe, wenn es auch nicht so prompt klickte wie bei A und mir, denn mein Herz war wund, verstockt und mißtrauisch: A hatte mich sitzengelassen. Auch gab es da noch all die Bande und Bindungen an A, die nach und nach gelöst werden mußten. Dennoch loderten B und ich eine Zeitlang lichterloh, und dann kam das schlimme Ende. Mein Herz wog wieder zentnerschwer in meiner Brust.

Wär' dies ein Stein in meiner Brust, ein Stein,
Ich riß' ihn heraus und wäre frei ...

Indem ich mit A zu Mittag aß und anschließend mit B Tee trank – mit zwei Männern, die zusammen ein Jahrzehnt meiner kostbaren Jahre verzehrt hatten (ich zähle dabei nicht die dazwischenliegenden Kostproben oder Versuchsaffären) und die, wie man gerechterweise sagen muß, alle Wonne und Lust (reichlich und heftig) mit Schmerz (o mein Gott) aufgewogen hatten –, bewegte ich mich im Laufe eines Nachmittags von einem zum andern, freundlich über dies und jenes plaudernd, derweil mein Herz kaum merklich in Erinnerung zuckte, der Fisch der Erinnerung am Ende einer langen, schlaffen Angel ...

Um es zusammenzufassen: Es war heilsam.

Besonders, da ich an jenem Abend erwartete, C zu treffen oder jemanden, der sich sehr wohl als C entpuppen könnte; allerdings möchte ich C nicht zuviel Bedeutung beimessen, denn wahr ist, ich kann mich kaum daran erinnern, wie er aussah, aber man kann auch nicht verlangen, daß man sich an die Unbedeutenden erinnert, die man zwischendurch gekostet oder getestet hat. Aber schließlich hätte er sich ja als C entpuppen können, es hätte zwischen uns *klicken* können, ich befand mich in jener Verfassung (wie wir alle so oft), in der man denkt: Er könnte sich als der Eine herausstellen. (Ich verwende hier absichtlich einen Ausdruck der Frauenillustrierten, anstatt zu sagen, was ich durchaus sagen könnte: *Vielleicht wird es etwas Ernsthaftes.*)

Da stand ich also an einem Fenster (ich möchte die Einzelheiten und die Atmosphäre richtig hinkriegen), blickte auf eine Straße hinaus (Great Portland Street, um es genau zu sagen) und überlegte, daß, obwohl ich nicht daran dachte, meine Affären, meine Erfahrungen mit A und B zu bereuen (es ist besser, geliebt und verloren zu haben, als überhaupt nie geliebt zu haben), meiner Herzenshoffnung, den Abend mit einem möglichen C zu verbringen, eine gewisse Unwirklichkeit anhaftete, denn zweifellos hatten mir beide, A und B, unvorstellbares Leid zugefügt. Warum also freute ich mich auf C? Ich sollte lieber, so schnell ich konnte, davonlaufen.

Plötzlich ging es mir durch den Kopf, daß ich das ganze Phänomen bisher falsch betrachtet hatte. Meine (oder vielleicht darf ich sagen unsere?) Art, das Ganze anzugehen, ist, daß man nach einem A, einem B, einem C oder einem D suchen muß, der in sich gewisse erstrebenswerte, sympathische Eigenschaften vereinigt, damit es klicken kann, damit man sofort Feuer fängt; oder anders ausgedrückt, man braucht einen Menschen, der einem wie ein schwimmender Untersatz erlaubt, auf ihm/ihr davonzugleiten, so etwas wie ein Fährboot. Aber so war das überhaupt nicht. Tatsächlich trägt man eine Art brennenden Speer mit sich, der einem in der Brust steckt, und man wartet darauf, daß jemand anders ihn herauszieht; es ist etwas Schmerzhaftes, wie eine offene Wunde, etwas, das man ungeduldig mit jemandem teilen will.

Ich sah mich selbst in einem Augenblick der Wahrheit klar

und deutlich: Ich stand am Fenster (im dritten Stock), hinter mir A und B (um nur die Gipfel meines Gefühlslebens zu erwähnen), eine recht attraktive Frau, wenn ich das sagen darf, von einer Reife und Weichheit, die, wie ich als erste zugeben würde, die traurigen Vorboten des Alters, dennoch per definitionem attraktiv sind, weil sie Zeugnis geben vom Ausmaß des Naschens und Nippens in meinem Leben (beinah hätte ich »Haschens« und »Neppens« geschrieben) … Da stand ich nun, frisiert, gut gekleidet, mit geschminkten Lippen, schwarzem Lidstrich und wartete aus ganzer Seele auf einen Abend mit einem eventuellen C. Und an einem anderen Fenster mit Blick auf die Margaret Street (ich glaube, ich irre mich da nicht) stand C, frisiert, gewaschen, rasiert, lächelnd: ein attraktiver Mann (so glaube ich), und *er* dachte: Vielleicht ist sie D (oder A oder 3 oder? oder % oder welches Symbol auch immer er verwendete). Wir waren zwar räumlich getrennt, sicherlich, doch in derselben angenehmen Ungewißheit und Erwartung, und wir hielten beide unsere Herzen in den Händen: rosa und pochend und bereit zu Lust und Leid, und wir waren bereit, diese Herzen einander wie Schneebälle ins Gesicht zu werfen, wie Kricketbälle (Na, wie klingt das?) oder zutreffender, wie große blutende Wunden: »Nimm meine Wunde!« Denn was man sich in solchen Augenblicken am wenigsten vorstellt, ist, daß der andere (die andere) sagen könnte: Nimm *meine* Wunde, bitte entferne den Speer aus *meiner* Brust. Nein, ganz und gar nicht; man hofft ganz schlicht, den eigenen Speer loszuwerden.

Da entschloß ich mich, zum Telephon zu gehen und hineinzusprechen: C! – Sie kennen doch den Witz über die Witzeerzähler, die sich nicht die Mühe machen, einander Witze zu erzählen, sondern schlicht sagen: Witz 1 oder Witz 2, und jeder brüllt vor Lachen oder gluckst und kichert, je nachdem … Übrigens könnte man das Spiel auch umkehren, indem man errät, ob es Witz C (b) oder Witz A (d) ist, je nachdem, auf welche Art und Weise jemand gelacht hat, um seinem verborgenen Gedanken zum Ausdruck zu verhelfen ... Nun, C (so stellte ich mir vor, würde ich sagen), die Analogie kann uns eine Lehre sein: Nehmen wir doch das Ganze als schon geschrieben oder gesagt. Lecken wir uns nicht gegenseitig die Wunden; behalten wir unsere Herzen für uns selbst. Denn bedenken Sie nur, C, wie völlig lächerlich – hier stehen wir an unseren jeweiligen Fenstern mit unseren pochenden Herzen in der Hand ...

In diesem Augenblick, lieber Leser, war ich einfach gezwungen, den Hörer mit irgendeiner Entschuldigung aufzulegen. Denn ich spürte, wie die Finger meiner linken Hand sich spreizten und nach etwas ziemlich Großem, Leichtem, Schlüpfrigem griffen – gar nicht so einfach, dieses Gefühl zu beschreiben. Meine Hand ist nicht groß, und mein Herz war angeschwollen, nachdem ich mit A zu Mittag gegessen, mit B Tee getrunken und mich dann auf C gefreut hatte ... Jedenfalls spreizten sich meine Finger in verzweifelter Anstrengung, einen unbekannten, größeren, ziemlich leichten Gegenstand zu umklammern, und ich sagte zu C: Entschuldigen Sie mich einen Augenblick, blickte hinunter, und da lag mein Herz in meiner Hand.

Hier mußte ich das Gespräch abbrechen.

Zum einen ist die Erfahrung, daß man etwas, nach dem man sich so lange gesehnt hat, auf so leichte Art erreicht hat, bestürzend. Nicht, als ob ich mich darum bemüht hätte. Etwas, das man haben will, rein zufällig bekommen – nein, das macht kein Vergnügen, schafft einem kein Erfolgserlebnis. Mein Herz also frei, genauer gesagt: ich selbst von meinem Herzen frei, auf alle Fälle von dem verdammten Ding befreit, und das in einem unpassenden Augenblick, mitten in einem imaginären Telephongespräch mit einem Mann, der sich möglicherweise als C entpuppen könnte – also, das war schon ärgerlich.

Zum anderen ist ein Herz, roh und aus frischen Wunden blutend, aus der Brust geholt, nicht gerade der hübscheste Anblick.

Ich will mich darüber nicht weiter auslassen. Ich war entsetzt und peinlich berührt dazu, daß es *das* war, was all die Jahre hindurch so heftig geliebt und gepocht hatte, denn hätte ich die geringste Ahnung gehabt – ach, genug.

Das Problem war nun, wie ich das Ding loswerden könnte. Ganz einfach, werden Sie sagen, in den Mülleimer damit.

Ich sag Ihnen, genau das habe ich versucht. Ich schaute mir dieses Ding genau an, starb fast vor Scham und Widerwillen und ging zum Abfalleimer, wo ich versuchte, es aus meinen Fingern rollen zu lassen. Es ging nicht. Es klebte fest. Da war also mein Herz, ein großes rotblutig pulsierendes, ekliges Ding, das an meinen Fingern klebte. Was sollte ich machen? Ich setzte mich und zündete mir eine Zigarette an (mit einer Hand, die Streichholzschachtel hielt ich zwischen den Knien), die Hand mit dem festgeklebten Herzen hielt ich über den Stuhlrand, so daß es in den Eimer abtropfen konnte, und überlegte.

Wär' dies ein Stein in meiner Hand, ein Stein,
Ich würfe ihn hoch über den Baum …

Als ich meine Zigarette geraucht hatte, wickelte ich sorgfältig etwas Alufolie ab, wie man sie gewöhnlich in der Küche zum Braten verwendet, und verpaßte meinem Herzen so etwas wie eine Schutzhülle. Das war dringend nötig. Erstens litt es heftig. Schließlich hatte es etwa vierzig Jahre im Schutz von Fleisch und Rippen geschlagen, und nun die Luft, das war zuviel. Zweitens wollte ich nicht, daß Hinz und Kunz hereinspazierten und es da sähen. Drittens, ich selbst konnte nicht allzu lang draufblicken, es erfüllte mich mit Scham. Die Alufolie tat ihre Wirkung, und zwar ganz verblüffend. Sie paßte sich geschmeidig an, und es sah jetzt so aus, als balancierte ich ein stilisiertes Herz auf meiner Handfläche, wie eine Kugel aus einer glitzernden silbernen Substanz. Mir kam es fast so vor, als brauchte ich ein Zepter in der anderen Hand, um das Gleichgewicht zu halten... Aber das Ganze war, es läßt sich nicht anders sagen, geschmacklos. Ich wickelte darauf einen Schal um die Hand und das Herz in Alufolie und fühlte mich wohler. Nun ging es darum, so zu tun, als hätte ich mir die Hand verletzt, bis mir eine Möglichkeit einfiel, mein Herz ganz loszuwerden, wenn ich mir nicht gar die Hand amputieren lassen wollte.

Unterdessen rief ich C an (in Wirklichkeit, nicht in der Phantasie), der nun niemals C sein würde. Ich konnte spüren, wie mein Herz, das so fest an meinen Fingern klebte, daß ich jeden Schlag, jedes Beben fühlte, bei dem Gedanken, jetzt nie diese herrliche Erfahrung machen zu können, resigniert den Kummer herunterschluckte. Ich erzählte ihm irgendeine idiotische Lüge, daß ich Grippe hätte. Er darauf ganz förmlich und indigniert, doch verbarg er das höflich, wie ich es ja auch getan hätte; er machte einen Scherz, ließ aber in der letzten wohlgezielten Wendung einen winzigen weiterschwärenden Stachel aus Sarkasmus stecken. Ich setzte mich wieder hin, um meine Lage richtig zu überdenken.

Da saß ich also.

Was sollte ich tun?

Da saß ich.

Ich muß an dieser Stelle etwa vier Tage überspringen – die wahrlich nicht ohne Bedeutung waren –, weil ich einfach nicht jedem einzelnen Herzschlag in meiner Erinnerung nachgehen kann. Eigentlich schade, denn vermutlich dreht es sich in dieser Geschichte gerade darum, aber kurzum: Ich zog die Vorhänge zu, hob den Hörer von der Gabel, machte Licht an, nahm den Schal von dem glitzernden Dings, schließlich die Alufolie; dann untersuchte ich das Herz. Es mußten zwei Fünftel einer Jahrhundert-Erfahrung durchgearbeitet werden, und bevor noch die erste Nacht hinter mir lag, befand ich mich in einer Verfassung, die schwer zu beschreiben ist...

Oder könnte ich die Nerven aus meiner Hand ziehen, ein lebendiges rotes Netz, um ein Meer nach Fischen abzusuchen ...

Am Ende des vierten Tages war ich erschöpft. Keine Willensanstrengung, kein Plan, kein noch so heftiges Verlangen vermochte das Herz auch nur um einen Millimeter zu bewegen – ganz im Gegenteil, es klebte nicht nur an meinen Fingern wie ein angelutschtes Karamelbonbon, es wuchs regelrecht an das Fleisch meiner Finger und meiner Handfläche an.

Ich wickelte es wieder in die Alufolie und in den Schal, knipste das Licht aus, zog die Jalousien hoch und die Vorhänge auf. Es war ungefähr zehn Uhr vormittags, ein normaler Londoner Tag, weder heiß noch kalt, weder klar noch bedeckt, weder naß noch sonnig. Wenn die Straße unten auch recht interessant ist, schön ist sie nicht gerade; ich schaute also nicht eigentlich hinunter, sondern wartete, daß etwas meine Aufmerksamkeit erregen würde, während ich an etwas anderes dachte.

Plötzlich hörte ich ein Klapp-Klapp, das immer lauter wurde, scharf und deutlich, und ich wußte, noch bevor ich sie sah, daß dies der Klang von Stöckelschuhen auf dem Bürgersteig war, obwohl es auch ebensogut ein Hämmern auf Stein hätte sein können. Sie ging eilig auf der gegenüberliegenden Straßenseite vorbei, und ihre Hacken schlugen so hart auf das Pflaster auf, daß alle anderen Straßengeräusche in diesem einzelnen Klipp-Klapp, Klipp-Klapp aufgegangen zu sein schienen. Als sie die Ecke der Great Portland Street erreichte, schossen zwei Londoner Tauben blitzschnell schräg vom Himmel herab, als wären sie Geschosse, die sie töten sollten; und dann, als sie sie erblickten, drehten sie in einem steilen Winkel nach oben ab und waren davon. Unterdessen war sie um die Ecke gebogen. Das aufzuschreiben, hat Zeit gebraucht, doch was sich abspielte, dauerte nur wenige Sekunden: der Körper der Frau mit ihren Absätzen den Bürgersteig entlanghämmernd, dann scharf im rechten Winkel um die Ecke biegend; die Tauben im spitzen Winkel dazu auffliegend und ihn, schnell herabstoßend durch verdrängte Luft, durchschneidend. Ach was – nichts davon natürlich, nichts– sie war die Straße entlang gegangen, ihre Absätze klapperten, und die Tauben landeten auf meinem Fensterbrett und begannen zu gurren. Alles fort, alles verschwunden, der wundervoll genaue Einklang von Laut und Bewegung, aber es war passiert, hatte mich glücklich gemacht und aufgeheitert, ich hatte keine Probleme mehr auf dieser Welt, und ich bemerkte, daß das Herz an meinen Fingern sich lockerte. Ich konnte es nicht ganz abkriegen, doch zerrte ich weiter an ihm unter dem Schal und der Alufolie, beinah gelang's.

Ich verstand auf einmal, daß es ein Fehler war, herumzusitzen und jede kleinste Gefühlsregung, jeden einzelnen Pulsschlag meines Herzens während all der vierzig Jahre zu analysieren. Ich war völlig auf dem Holzweg: das war es gerade, womit ich mein rotes, verbittertes, erfreutes Herz für alle Zeiten an mein Fleisch fesseln würde ...

So! Sie glauben also, ich sei erledigt! Sie glauben ...
Passen Sie auf, ich wickle mein Herz in ein Netz aus Wut,
Und laß es wie einen Handball abprallen
Von Wänden, Gesichtern, Gittern, Schirmen und
Taubenrücken ...

Nein, das alles nützte doch gar nichts; es macht die Sache nur schlimmer. Was ich tun müßte, wäre, mich selbst zu überrumpeln, so wie ich von der Frau, den Tauben und vom scharfen Geräusch der Absätze und von den seidenen Flügeln überrascht worden war.

Ich zog meinen Mantel an, hielt meinen unförmig umwickelten Arm vor die Brust, so daß, sollte jemand fragen: Was haben Sie denn mit Ihrer Hand gemacht? ich antworten könnte: Ich habe mir die Finger in der Tür gequetscht. Dann ging ich hinunter auf die Straße.

Es war nicht so einfach, inmitten einer Menschenmenge herumzulaufen mit der beunruhigenden Vorstellung, daß sie alle dachten: Was hat die Frau mit ihrer Hand gemacht?, denn das machte es so schwierig, mich selbst zu vergessen. Und die ganze Zeit über bebte und schlug es heftig gegen meine Finger und rief sich so ständig in Erinnerung.

Jetzt da ich draußen war, wußte ich nicht, was ich tun sollte. Sollte ich mit jemandem zu Mittag essen? Oder im Park spazierengehen? Oder mir ein Kleid kaufen? Ich beschloß, zum Round Pond zu gehen und ganz allein um ihn herumzuspazieren. Ich fühlte mich müde nach den vier Tagen und Nächten ohne Schlaf. Ich stieg hinunter in die U-Bahnstation am Oxford Circus. Mittag. Menschenmassen. Ich fühlte mich befangen, aber natürlich hätte ich mir keine Sorgen zu machen brauchen. Ich schwöre, man könnte in London nackt auf der Straße herumlaufen, und niemand würde sich auch nur umdrehen.

So fuhr ich die Rolltreppe hinunter und blickte, wie ich das immer tue, in die Gesichter derer, die mir auf der anderen Seite entgegenrollten; und wie immer dachte ich bei mir, wie es doch seltsam ist, daß diese Menschen und ich uns rein zufällig auf solche Art begegneten, und wie seltsam, daß wir uns nie wieder sehen würden, oder wenn doch, es dann gar nicht wüßten. Ich stellte mich auf den überfüllten Bahnsteig und blickte, wie ich es immer tue, in die Gesichter, stieg in die Bahn ein, die sehr voll war, und fand einen Platz. Es war nicht ganz so schlimm wie zu den Stoßzeiten, doch alle Plätze waren besetzt. Ich lehnte mich zurück, schloß die Augen und hatte vor, ein bißchen zu schlafen, da ich so übermüdet war. Ich war gerade im Begriff einzudösen, als ich eine Frauenstimme murmeln oder vielmehr deklamieren hörte:

»Ein goldenes Zigarettenetui, das ist was Schönes,
wirklich, ich muß schon sagen, ein goldenes Etui,
ja ...«

Etwas an dieser Stimme ließ mich die Augen öffnen: Auf der anderen Seite des Abteils, ungefähr acht Leute weiter, saß eine noch junge Frau in einem billigen grünen Stoffmantel, ohne Handschuhe, mit flachen braunen Schuhen und Baumwollstrümpfen. Sie mußte ziemlich arm sein – eine Frau, die so angezogen ist, sieht man selten heutzutage. Aber ihre Haltung war es, die mir auffiel. Sie saß halb verdreht auf ihrem Platz, den Kopf hatte sie über ihre linke Schulter geneigt, und sie starrte geradewegs auf den Bauch eines älteren Herrn neben ihr. Aber es war offenkundig, daß sie ihn nicht sah: Ihre jungen starrenden Augen sahen nichts, sie blickten nach innen.

Sie war offensichtlich allein in dem vollen Abteil, daß es nicht annähernd so peinlich war, wie man hätte denken können. Ich blickte mich um, die Leute lächelten, tauschten miteinander Blicke aus, zwinkerten sich zu oder ignorierten sie einfach, je nach Veranlagung, doch sie nahm uns alle nicht wahr.

Plötzlich richtete sie sich auf, drehte sich nach vorne, so daß sie aufrecht dasaß, und richtete Blick und Stimme auf ihr Gegenüber.

»Das glaubst du also. Das glaubst du, nicht wahr;
du glaubst also, ich gehe einfach und warte zu Hause
auf dich, aber ihr hast du ein goldenes Etui
geschenkt und ...«

Und mit einer automatenhaften Bewegung ihres dünnen Körpers drehte sie ihren schmalen Kopf mit dem bleichen Haar zur Seite über die linke Schulter und blickte wieder starr und mit leerem Blick auf den Bauch des Mannes. Dieser grinste unbehaglich. Ich lehnte mich vor, um die Leute in meiner Sitzreihe zu betrachten; der Mann ihr gegenüber, ein junger Mann, hatte genau denselben unbehaglichen Gesichtsausdruck, doch war er entschlossen, amüsiert dreinzublicken. Alle schauten wir auf sie, wie die junge, dünne, blasse Frau da in ihrem privaten Elend und Jammer saß und uns so völlig vergaß, daß sie laut dachte und redete. Und wieder, ohne vorherige Anzeichen, ohne Grund, zwischen den Haltestellen (so wurde sie also nicht dadurch aus ihrem Traum aufgeschreckt, daß die Bahn an Bond Street hielt und dann wieder ruckartig anfuhr), drehte sie ihren Körper nach vorne und sprach den Sitz ihr gegenüber an (der junge Mann war ausgestiegen, eine elegante Matrone mit grauen Locken hatte sich dort hingesetzt):

»Ich weiß also jetzt Bescheid, nicht, und wenn
du so breit lächelnd und zufrieden hereinkommst,
ja, dann weiß ich Bescheid, nicht, du brauchst mir
nichts zu sagen, ich weiß, und ich hab ihr gesagt,
ich hab gesagt, ich weiß, daß er Ihnen ein goldenes
Zigarettenetui geschenkt hat ...«

Hier hielt sie wieder mit diesem automatenhaften Impuls inne (wurde zum Stehen gebracht oder war ganz einfach abgelaufen) und drehte sich halb herum, um auf den Bauch zu starren – denselben Bauch, denn der Herr mittleren Alters saß noch immer da. Aber wir hielten an Marble Arch, und er stieg aus, wobei er mehr dem Abteil, nicht so sehr den Mitreisenden ein nachsichtiges, dünnes Lächeln zuwarf, das besagte: Ihnen ist doch wohl hoffentlich klar, daß diese unglückliche Frau total verrückt ist ...

Sein Platz blieb unbesetzt. Niemand stieg am Marble Arch ein, und die zwei auf einen freien Platz wartenden Fahrgäste wollten nicht neben ihr sitzen, ihrem starrenden Blick ausgesetzt.

Wir saßen da und blickten freundlich vor uns hin, täuschten uns selbst und einander vor, wir wüßten nicht, daß die arme Frau verrückt war und daß wir eigentlich irgend etwas tun sollten. Ich überlegte sogar, was ich denn sagen könnte: Madam, Sie sind verrückt – soll ich Sie nicht lieber nach Hause begleiten? Oder: Sie Ärmste, hören Sie auf damit, es nützt doch nichts – lassen Sie ihn einfach, das wird ihn zur Vernunft bringen ...

Und siehe da, nach der Pause, die durch ihren inneren Mechanismus bestimmt wurde, drehte sie sich um und sagte zu der eleganten Matrone, die diese anklagenden Worte mit vollkommener Selbstbeherrschung aufnahm:

> »Ja, ich weiß Bescheid! Oh, ja! Und was ist mit
> meinen Schuhen, was ist damit, ein goldenes
> Zigarettenetui, das hat sie bekommen, die
> dreckige Hure, ein goldenes Etui ...«

Innehalten. Drehung. Starren. Auf den leeren Sitz neben sich. Außergewöhnlich. Denn dies war das erstarrte Elend, oder wie kann ich das ausdrücken? Eine leidenschaftslose Leidenschaft – wir erblickten das personifizierte Unglück; wir erlebten das innerste Wesen einer persönlichen Tragödie – vielmehr der Tragödie. Es war gar kein Gefühl darin. Die Frau glich einer Schauspielerin in der Rolle der »Anklägerin«, der »Verratenen Geliebten«, der »Betrogenen«, gerade zu dem Zeitpunkt, da sie ihren Part auswendig gelernt hat und sich nur darum bemüht, die Worte richtig hinzukriegen.

Und ob sie nun in ihrer verdrehten Haltung dasaß, ihre furchtlosen Augen starr auf den grünlichen, pelzartigen, häßlichen Bezug der Wagensitze gerichtet, oder aufrecht sitzend ihre Anklage an die elegante Matrone gegenüber richtete, immer war sie von einer erschreckenden Unbewegtheit – ja, genau das war es, was uns Angst einflößte. Denn ganz offensichtlich hätte sie (wenn die innere Uhr abgelaufen wäre) für alle Zeit stillstehen können, in verdrehter oder in aufrechter Haltung oder auch in einer Zwischenposition – ja, wir konnten uns alle vorstellen, wie sie in irgendeiner beliebigen Stellung für immer erstarrte. Es war, als beobachteten wir die Hülle einer Frau, die gewisse vorbestimmte Bewegungen ausführte.

Denn *sie* war überhaupt nicht anwesend. *Was* da war, wer sie war, das ließ sich unmöglich sagen, obgleich man es sich leicht ausmalen konnte, wie ihr schmales, freundliches Gesichtchen in völliger Unwissenheit dessen, was sie da im Augenblick rollenhaft verkörperte, auf einmal lächelte. Sie war sich nicht bewußt, daß sie mit der U-Bahn von Marble Arch nach Queensway fuhr, auch nicht, daß sie in aller Öffentlichkeit ihren Ehemann oder Liebhaber anklagte, noch, daß wir sie anschauten.

Und wir, die wir sie anblickten, empfanden Verlegenheit und Scham, was nicht ihre Schuld war...

Plötzlich spürte ich unter dem Schal und der Alufolie, daß meine Finger sich unbeschwerter anfühlten, als ob mein Herz sich löste.

Ich nahm es, bevor es womöglich wieder an der Handfläche festzuwachsen gedachte, hastig weg, entfernte den Schal und balancierte ein vollkommen stilisiertes Herz auf meinen Knien, ähnlich dem silbernen Herz auf einer Valentinskarte, wobei dies hier natürlich dreidimensional war. Dieses Herz war jetzt nicht so sehr unschädlich, nein, das ist nicht das richtige Wort, vielmehr künstlich, kunstvoll war es, allerdings äußerst geschmacklos, wie ich ja schon sagte. Ich konnte sehen, daß die Fahrgäste, die jetzt auf mich und das Herz schauten und nicht auf die arme Verrückte, daran Gefallen fanden.

Ich stand auf, ging die etwa vier Schritte bis zu ihr und legte das Aluherz auf den Sitz, damit ihr Blick drauffallen konnte.

Einen Augenblick lang reagierte sie nicht, dann mit einem Seufzer oder einem Murmeln der Erleichterung und voll theatralischen Schmerzes beugte sie sich vor, hob das glitzernde Herz auf, nahm es fest in ihre Arme, liebkoste es und wiegte es hin und her, schmiegte sogar ihre Wange daran und starrte über seine Spitze hinweg auf ihren Ehemann, als wollte sie sagen: Sieh mal, was ich habe, ich kümmere mich nicht um dich und dein Zigarettenetui, ich habe ein silbernes Herz gekriegt.

Ich erhob mich, denn wir waren in Notting Hill Gate und, begleitet von zufriedenem Nicken und anerkennendem Lächeln der Zurückbleibenden, stieg ich aus, fuhr die Rolltreppe hoch, ging auf die Straße hinaus und weiter zum Park.

Kein Herz. Kein Herz mehr. Welch ein Segen. Welche Freiheit …

Hörst du das da? Ja, das ist ein Lachen.
Ich lach da, ja, das bin ich.

Herzragout

Dann laß mich dein Herz essen, Ophelia,
das meine Tränen weint.
(Heiner Müller: Die Hamletmaschine)

Herz

Herz besteht aus magerem, zartfestem Muskelfleisch, und Gerichte daraus schmecken nicht nur sehr gut, sondern sind auch sehr gesund. Die Kalorienzahl von 135 auf 100 Gramm ist so gering, daß sie in einem guten Verhältnis zum Sättigungswert steht. Herz ist eiweißreich und fettarm und enthält alle wichtigen Vitamine, vor allem Vitamin B 1.

Vorbereitung

Das Herz wird, wenn es das jeweilige Rezept nicht anders vorschreibt, mit einem großen, scharfen Messer halbiert, das Fett ab- und die Adern herausgeschnitten und dann die Hälften so lange gewässert, bis alles Blut leicht herausgezogen oder unter fließendem Wasser weggespült werden kann.
Herz läßt sich gut für drei bis fünf Monate einfrieren.

Zubereitung

Die zu Herzgerichten passenden Gewürze sind Lorbeerblätter, Petersilie und vor allen Dingen Zwiebeln.
Man kann Herz in Scheiben geschnitten in der Pfanne braten und schmoren (Tontopf), grillen, kochen, dünsten und auch gefüllt zubereiten.

(Aus einem Kochbuch)

Das Herz der Menschen ist ein gar wunderlich Ding, es hat viel Ähnlichkeit mit einer Kalbsleber. Wer das Glück genossen hat, zuweilen mit Köchinnen ein vertraut Wort zu reden, der weiß, wie es mit der Kalbsleber ein sonderbar Ding ist, daß die gleiche Leber zart wird wie Butter oder zäh wie Sohlleder, je nachdem das Feuer ist, auf dem sie sitzt oder sitzen muß. Akkurat so hat es auch des Menschen Herz, das heißt, es wird hart oder weich, bitter oder gut, je nachdem die Luft ist, in welcher er ist, während die entscheidenden Momente über ihn ergehen.

(Jeremias Gotthelf)

Konrad von Würzburg: *Das Herzmäre*

....

Ich bin zu der Erkenntnis gekommen, daß echte, reine Minne den Menschen fremd geworden ist. Darum sollen Ritter und Edelfrauen in dieser Geschichte ein Vorbild sehen; denn sie erzählt von der vollkommenen Liebe. Meister Gottfried von Straßburg ist unser Kronzeuge: wer auf dem Wege wahrer Minne sicher schreiten will, der muß sich vorher etwas von den Liebeserfahrungen erzählen lassen, die vor ihm andere Menschen gehabt haben, die sich liebend in die Augen geschaut haben. Denn es ist doch unleugbar: wer etwas von Minneerlebnissen hat erzählen hören, erlebt die Liebe selbst viel tiefer. Daher will ich mich bemühen, meine schöne Geschichte so wahr erscheinen zu lassen, daß man darin ein Vorbild der Liebe finden kann, die lauter und rein und frei von allem Falsch ist.

Ein Ritter und eine vornehme Dame hatten ihr inneres Leben so miteinander verwoben, daß sie ganz eins geworden waren. Wenn die Frau irgend etwas Böses bekümmerte, so bekümmerte das auch den Ritter. Infolge davon ward auch ihr beider Ende so bitter; denn die Liebe hatte sie beide mit solcher Gewalt ergriffen, daß auch ihre Schmerzen vervielfacht wurden: durch die süße Minne erfuhren ihre Herzen großes Leid. Die hatte sie bis auf den Grund mit ihrem Feuer entflammt und so mit heißer Liebe erfüllt, daß ihre Gewalt überhaupt niemals mit Worten beschrieben werden kann. Keiner könnte es aussagen, mit wie reinen Gefühlen sie immer aneinander dachten. So völlige Einheit der Seelen hatte es noch nie zwischen einem Mann und einer Frau gegeben wie zwischen ihnen. Doch durften sie nach den Gesetzen der Welt nicht zueinander kommen und konnten den Wunsch nach Erfüllung ihrer Liebe nicht verwirklichen.

Die schöne Frau war mit einem angesehenen Mann vermählt. Das bedeutete für sie ein schmerzliches Hindernis; denn sie wurde in so strenger Hut gehalten, daß der edle Ritter niemals das Verlangen seines kranken Herzens an ihr stillen konnte, das aus Liebe zu ihr tief verwundet war. So duldeten sie harte, gefahrvolle Not. Er zermürbte sich so sehr im Verlangen nach ihrer süßen Gestalt, daß er seine Qualen auch nicht einmal vor ihrem Mann verhehlen konnte. Er ritt, wenn es nur sein konnte, zu der schönen Dame und klagte ihr die Not seines Herzens. Schließlich wurde sein Leid immer drückender.

Der Ehemann der Dame überwachte sie beide so lange aufmerksam, bis er zu seinem eigenen Leidwesen schon an ihren Mienen merkte, daß die süße Minne sie in ihre Bande verstrickt hatte und daß sie aus Sehnsucht nacheinander schier verschmachteten. Das bekümmerte den edlen Herrn sehr. Er dachte bei sich: »Wenn ich meine Frau nicht noch mehr in Hut nehme, so erblicke ich eines Tages noch etwas, was mich in größten Schmerz bringt; denn es wird mir aus ihrer Beziehung zu diesem Ritter noch Unheil erwachsen. Bei Gott, wenn ich es noch kann, entreiße ich sie seiner Gewalt! Ich werde also mit ihr über das wilde Meer fahren, damit ich sie vor ihm schütze, bis er sein Begehren nach ihr einstellt und auch sie nicht mehr nach ihm verlangt. Man sagt, daß einem Menschen das geliebte Wesen, das längere Zeit von ihm getrennt ist, allmählich fremd wird. Darum will ich mit ihr jetzt zum Heiligen Grabe fahren, bis sie die große Liebe, die sie zu dem Ritter hegt, vergessen hat.« So beschloß er denn, den beiden Liebenden ihre Liebe zu verleiden, die doch in Wahrheit zwischen ihnen nicht lösbar war.

Er wollte also mit seiner Frau Jerusalem besuchen. Als der Ritter, der vor Verlangen nach ihr brannte, das merkte, beschloß er in seiner Liebeskrankheit, auch so rasch wie möglich über das Meer zu fahren; denn er glaubte, zu Hause dem Tode rettungslos anheimzufallen, wenn er von ihr abzulassen sich überwände. Die

Last der starken Liebe überwältigte ihn so, daß er um der schönen Frau willen sogar den grimmen Tod gesucht hätte. Darum wollte er nicht länger zögern, sie aufzusuchen. Als die schöne Frau seine Absicht merkte, ließ sie ihn heimlich kommen. »Mein lieber Herr«, sagte sie, »mein Mann hat, wie du schon gehört hast, die Absicht, mich vor dir in Sicherheit zu bringen. Nun, mein Geliebter, höre auch um deines Glückes willen auf mich und verhindere diese Fahrt über das wilde große Meer, die mein Mann beschlossen hat. Fahre du lieber allein hin, damit er hier bleibt; denn wenn er hört, daß du vor ihm weggefahren bist, bleibt er gleich hier. Und sein Argwohn, den er gegen mich hegt, legt sich dann; denn er denkt bei sich: Wäre an den Dingen, die meine Frau betreffen, etwas wahr, wie ich vermute, so wäre ja der edle Ritter nicht weggefahren. So wird das Mißtrauen, das er gegen mich hat, zerstört. Und du nimm es bitte nicht zu schwer, eine Weile fort zu sein, bis alle Gerüchte über uns im Lande verstummt sind. Und wenn dich dann Christus wieder zurücksendet, so hast du allzeit mit mir um so mehr deinen Willen, wenn man das als falsche Rede bezeichnen muß, was man jetzt über uns erzählt. Gott sei es geklagt, daß du nicht mehr bei mir sein kannst, wie du es möchtest, und ich nicht bei dir, wie ich es wünsche.

Nun lebe wohl, lieber Freund, empfange von mir diesen Ring; er soll dir eine Erinnerung sein an das schwere Leid, das mich bedrückt, wenn ich dich nicht sehen kann. Denn fürwahr: was ich auch erlebe, ich muß an dich denken! Dein Scheiden bereitet mir wirklich tiefsten Schmerz im Herzen. Nun gib mir einen lieben Kuß und erfülle mir meinen Wunsch so, wie ich es dir gesagt habe.«

»Ich will es, Herrin«, sagte er zu ihr betrübten Herzens, »was auch danach kommen mag; euer Wunsch ist auch der meine. Ich habe mein ganzes Denken, Fühlen und Wollen in Sehnsucht nach euch verzehrt, so daß ich euch wie ein Leibeigener untertan bin.

Wenn ihr mich nun auch Abschied nehmen laßt, einzige edle Frau, so wißt, daß ich aus Sehnsucht nach euch große Schmerzen erleide. Ich bin mit Leib und Seele so tief in euch eingeschlossen, liebste aller Frauen, daß ich fürchte, man wird mich zu Grabe tragen, ehe ich das Glück, euch wiederzusehen, erlebe.«

Und damit war ihr letztes Gespräch, das sie über ihr Liebesleid geführt hatten, zu Ende. Die beiden Liebenden schieden voneinander unter Marterschmerzen und schlossen sich in dem Augenblick fester in ihr Herz, als ich es überhaupt ausdrücken kann. Alle Weltfreude war in ihrem Inneren gestorben. Sie küßten sich nur zart auf ihre roten Lippen, und dann verzichteten sie auf jedes gemeinsame Glück. Der edle Ritter wandte sich, Schmerz im Herzen, zum Meer, und in dem ersten besten Schiff, das dort war, kam er ins Heilige Land. Er war sich dessen bewußt, daß er auf Erden niemals wieder Glück oder Freude erleben würde, es sei denn, Gott würde es ihm gewähren, wieder heimzukommen und etwas von seiner geliebten Herrin zu hören. Nun war seine Herzensnot groß und bitter. Der Edle sehnte sich nach ihr, und der Schmerz wuchs in seinem Herzen fest. Sein schmerzliches Verlangen nach ihrer süßen Liebe wurde täglich neu. Er tat es der Turteltaube gleich; denn in Sehnsucht nach dem geliebten Wesen mußte er auf den grünen Zweig des Glückes verzichten und setzte sich auf den dürren Ast der Sorge. Seine Sehnsucht nach ihr und sein Leid wurden so stark, daß ihm der Schmerz bis in den tiefsten Seelengrund drang; so tief verwundeten und so schwer belasteten sie ihn. Der Märtyrer der Sehnsucht klagte jeden Tag seufzend: »Gepriesen sei die Reine, deren süße Gestalt und deren Dasein mir diese Qualen zufügen. Fürwahr, die geliebte Herrin versteht mit göttlicher Kunst, mir so bittere Not in mein Herz zu gießen! Wie kann sie, die über alles Irdische Erhabene, mir so ungeheuren Schmerz zufügen! Wenn sie mich nicht heilt, muß ich schließlich sterben.« So klagte und jammerte er täglich und trieb es so lange, bis er zuletzt in verzehrende Krankheit fiel und sein Lebenswille gebrochen war. Sein Seelenkampf war so hart und schwer, daß man ihm sein heimliches inneres Leid vom Gesicht ablesen konnte.

Als nun der Ritter schon ganz klar die schmerzliche Gewißheit vor sich sah, daß er sterben werde, sagte er zu seinem Knappen: »Höre, mein lieber Geselle, ich merke jetzt, daß ich wirklich sterben muß aus Liebe zu meiner geliebten Herrin; der Liebesschmerz um sie hat mich tödlich verwundet. Höre darum, was ich dir jetzt sage: wenn es zu Ende ist mit mir und ich tot bin durch die königliche Frau, laß mir den Leib aufschneiden und nimm mein Herz heraus, das blutige, von Schmerzen gezeichnete, salbe es dann mit Balsam, damit es sich frisch hält. Höre weiter: schaffe ein kleines Kästchen aus Gold und mit Edelsteinen verziert, da tue mein totes Herz hinein und lege den Ring dazu, den mir meine Herrin geschenkt hat. Beides zusammen, verschlossen und versiegelt, bring ihr, damit sie sieht, was ich um ihretwillen erlitten habe und wie mein Herz von der Liebe zu ihr verwundet worden ist. Sie ist so rein und treu, daß der Schmerz um mich ihr immer frisch im Herzen bleibt, wenn sie erkennt, was mir um ihretwillen zu erleiden bestimmt war. Also bitte, führe mein Gebot aus. Der heilige und reine Gott, der keinem edlen Menschen seine Hilfe versagt, möge sich über mich Armen erbarmen und der Geliebten, die mir den Tod gebracht hat, Glück und ein freudenreiches Leben bescheren.«

Unter diesen Seelenqualen starb der Ritter. Der Knappe rang seine Hände voll Schmerz; dann gab er, die Bitte des Toten befolgend, Befehl, ihn aufzuschneiden. Er nahm das Herz des Toten und brachte es zu dem Schloß, wo er die wußte, um die sein geliebter Herr den grimmen Tod erlitten hatte. Zu der Zeit, als er sich dem Schloß näherte, hielt sich die Edle auch dort auf. Da ritt ihm deren Mann auf dem Felde zufällig entgegen, der dort gerade zur Falkenjagd aufgebrochen war. Dies schlug für den Knappen in ein großes Unheil aus. Denn als der Ritter ihn sah, dachte er gleich: »Bestimmt ist der nur zu dem Zwecke hergesandt, um meiner Frau eine Nachricht von jenem Herren zu überbringen, der sich so sehr nach ihrer Minne verzehrt.« Und damit ritt er an den Knappen heran und wollte ihn gleich ausforschen. Da erblickte er alsbald den hübschen kleinen Kasten, in dem sich das Herz des Toten und der Ring der Frau befanden. Der Knappe hatte den Kasten am Gürtel hängen neben anderm. Als der Ritter das sah, sprach er den Knappen an und fragte, was er in dem Kästchen trüge. Da sagte der höfliche, brave Jüngling: »Es ist etwas, was von weither durch mich überbracht wird.« Der Ritter sagte: »Laß sehen, was darin ist.« Da sagte der Knappe voll Angst: »Nein, das tue ich nicht; kein Mensch bekommt es zu sehen außer dem, für den es bestimmt ist.« – »Nein, so geht es nicht«, antwortete der Ritter, »dann muß ich es dir mit Gewalt entreißen und gegen deinen Willen in Augenschein nehmen.« Und gleich riß er ihm den Kasten von seinem Gürtel, öffnete ihn und fand das Herz und den Ring der Frau. Daran erkannte er, daß der Ritter gestorben und daß dies der letzte Gruß des Sterbenden an die hohe Geliebte sei. Darauf sagte der Ritter zu dem Knappen: »Fahre du jetzt bitte deine Straße; ich werde das Kleinod an mich nehmen, das sei dir gesagt.« Darauf ritt er in seiner wilden Eifersucht nach Hause und befahl seinem Koch, er solle aus dem Herzen eine besondere Mahlzeit zurichten. Der Koch nahm das Herz und richtete es so gut an, daß niemals eine Speise so edel gewürzt und zubereitet wie diese gemacht wurde. Als er fertig war, wartete der Ritter keinen Augenblick: er setzte sich zu Tisch und ließ das Gericht ganz frisch seiner Frau vorsetzen. »Frau«, sagte er scheinheilig, »dies ist eine sehr leckere Speise, die mußt du alleine essen; du kannst sie nicht noch teilen.« Da nahm es die schöne Frau und aß das Herz ihres Geliebten, ohne zu merken, was für ein Herz es war. Die fürchterliche Speise dünkte sie so wohlschmeckend, wie nie zuvor irgendeine Speise ihr gemundet hatte.

Kaum daß die Getreue das Herz gegessen hatte, sagte der Ritter: »Sage mir einmal, wie dir die Speise geschmeckt hat; ich glaube, daß du dein Lebtag nicht noch einmal süßere Speise essen wirst als diese.« – »Lieber Mann«, sagte sie, »keine andere Speise wird mich je so erfreuen und mir so süß und rein schmecken wie die, die ich soeben genossen habe. Ich muß sie wirklich für die schönste aller Speisen erklären. Sagt, lieber Gemahl, war dies Essen von einem Wildpret oder von einem Haustier?« Da sagte er zu ihr: »Höre jetzt recht zu, wie ich es dir erkläre. Das Fleisch war von beidem, bei Gott wild, weil dem Glücke fremd, und zahm, weil von Sorgen bedrückt jeden Tag: du hast das Herz des Ritters gegessen, wie es in seinem Leibe schlug, des Ritters, der in Sehnsucht nach dir ein Übermaß von Schmerz während seines Lebens erlitten hat. Und nun höre: er ist aus Liebesschmerz um dich gestorben und hat dir zum Zeichen dessen sein Herz und den edlen Ring durch seinen Knappen hierhergeschickt.«

Bei dieser grausamen Kunde saß die edle Frau wie tot da; ihr Herz erstarrte ihr im Leibe, ihre weißen Hände fielen ihr kraftlos in den Schoß, Blut stürzte aus ihrem Munde, so überwältigte sie das Gefühl ihrer Schuld. »Fürwahr«, sagte sie dann mühsam, »ich habe also jetzt das Herz des Mannes gegessen, der mir von tiefster Seele ununterbrochen seine Liebe geschenkt hat; und nun will ich es wie einen Schwur aussprechen: nach dieser heiligen Speise werde ich niemals mehr eine Mahlzeit zu mir nehmen. Gott wird es mir verbieten in seiner Gerechtigkeit, daß nach so edler Speise jemals eine geringere in mich eingehen soll. Ich werde jetzt nichts anderes mehr essen als die Unglücksspeise, die man Tod nennt. Ich werde auch in Liebesqual mein elendes Leben aufopfern für ihn, der sein Leben für mich hingegeben hat. Ich wäre treulos, wenn ich mir jetzt nicht bewußt hielte, daß der Edle mir sterbend sein Herz geschickt hat. Schmerz genug, daß mir nach seinem bitteren Ende noch ein Tag vergönnt war!

Bei Gott, es kann nicht länger sein, daß ich ohne ihn noch allein weiterlebe, während er schon im Tode schwebt, er, der mir sein Leben lang Treue erwiesen hat.«

Und damit wurde die Not ihres Herzens so stark, daß sie in Schmerz und Leidenskrampf ihre weißen Hände ineinanderdrückte und ihr Herz in Liebesqual zerbrach. In dem Augenblick endete sie ihr junges Leben, um in den Himmel einzugehen; mit einem ebenso schweren Lot wog sie wieder auf, was ihr Geliebter auf die Lebenswaage gesetzt hatte. Mit letzter Treue und höchster Liebe vergalt sie es ihm.

Und damit hat unsere Geschichte ihr Ende. Der allmächtige Gott soll ihn strafen, daß er ihr verriet, was sie gegessen hatte, wodurch die treue Frau ihr Leben einbüßte. Das wird mich immer schmerzen, und ich werde ihm diese seine Roheit nie vergessen. Dies bekenne ich, Konrad von Würzburg, euch als meine Überzeugung. Wer reines Herzens recht zu handeln immer sich bemüht, mag diese Geschichte sich zu Herzen nehmen als Beispiel, die Minne in Reinheit zu üben. Jedes edle Herz soll so handeln.

Erich Fried:
Als ich mich nach dir verzehrte

Cogito ergo non sum

1

Ich liege
auf dem Rücken
und mir zugleich
am Herzen
im Magen
und mit mir selbst in den Haaren

Ich muß mich also
zuerst
gefressen haben
mit Herz und Haaren
um jetzt
im Magen liegen zu können

Tatsächlich fand ich
unter meinen Nachrufen einen
in dem es heißt:
»Er verzehrte sich
angesichts
unserer Welt«

Daraus erhellt
daß unsere Welt
dabei war
und als Augenzeugin
die Verzehrung
bestätigen kann

Nun wüßte ich gerne
wessen Inhalt
mein Magen jetzt ist
wenn ich
dessen Inhalt er war
jetzt sein Inhalt bin

2

Wenn ich mich
nach dir
verzehre
heißt das
ich habe zuerst
als Hauptgericht
dich verzehrt
und mich dann
als Nachtisch
oder warst du
die Suppe
und ich
bin das Fleisch?

Walter Benjamin:
Vaterherz, kalt garniert

....

Dem Programmheft der Erstaufführung von Carl Zuckmayers »Katharina Knie« im Lessing-Theater lag u.a. eine Probeseite aus dem bekannten Heylschen Kochbuch bei, das nun, den endlich wieder stabilisierten Verhältnissen Rechnung tragend, von neuem in der völlig unveränderten Vorkriegsausgabe erschienen ist. Wir freuen uns, dieser Probeseite den nachstehenden Abdruck entnehmen zu können:

Man nehme ein nicht mehr allzu junges Vaterherz, schneide dasselbe in 4 aktlange Scheibchen, lege sie sauber auf einen Gemeinplatz, schlage sie längere Zeit breit, röste sie sodann (am besten mit W. von Heimburgs Back- und Bratfett »Alles in Butter«) auf kleinem Feuer und übergieße sie dabei fleißig mit einem Viertelliter heißer Tränen. Inzwischen hat man einen Backfisch sorgfältig abgeschuppt, das Innere und besonders das Gehirn sauber entfernt und das Fischlein auf allen Seiten knusprig abgebräunt (Fisch- und Bratenwender »Prachtmädel«). Man verarbeitet nun das alles zu einer Masse und preßt sie in einem schneeweißen Linnen, bis der letzte Rest Handlung abgetropft ist. Zum Schluß wird das Ganze mit einem Päckchen Gelatine »'s Badener Ländle« angerührt, mit einer Lage Streuzucker Marke »Sternennacht« überstäubt und das schmackhafte Gericht (bekanntlich eine Leibspeise des seligen Ludwig Pietsch) in einer Gartenlaube serviert. Als Garnierung verwende man die herbstlichen Blätter eines immer noch fröhlichen Weinbergs.

Für getreue Kopie:

Walter Benjamin

Ernst Bargheer:
Der Zauber mit dem Herzen

....

Nach einer Chronik der Stadt Wohlau wurde dort 1661 eine Missetäterbande abgetan....

Alle waren untereinander nahe verwandt und verschwägert. Mehr als 40 Morde sollen sie verübt haben. So hieb Weinhans einst seinem eigenen neugeborenen Kinde in Gesellschaft seines Schwagers Wampen-Jörge mit einem Beile das Haupt ab, schnitt ihm den Leib auf, nahm Herz und Eingeweide heraus, begrub das letztere und den Kopf, aber der Körper und das Herz wurden gekocht und verzehrt, wodurch man glaubte, vor Entdeckung sicher zu sein. Wampen steckte nun die Hände des Kindchens ein, wahrscheinlich um sie als Diebslichter zu benutzen. Die weiteren Untaten bewegen sich in derselben grausigen Sphäre. Hinter Schwinaren locken sie zwei schwangere Weiber in den Busch, schlagen sie vor den Kopf, schneiden sie auf und verspeisen die Herzen der Leibesfrüchte. An einer anderen Schwangeren begehen sie dasselbe Verbrechen. Bei der Masel notzüchtigen sie drei Mägde, schlagen sie tot, reißen sie auf und pulvern ihre Herzen. In den Bierhäusern tun sie das Pulver in Bier, trinken selber davon und lassen andere trinken, teils um dadurch für ihre Person beherzter zu werden, teils in dem Wahn, daß diejenigen, welche davon tränken, ihnen nachlaufen müßten, wo sie solche dann totschlagen könnten. Das Herzessen ist ein Mittel, um vor Entdeckung sicher zu sein. Wenn die Mörder das Herzpulver nehmen, um beherzter zu sein, wird das Herz als Sitz des Mutes angesehen. Um sich unsichtbar zu machen, wozu ja auch das Diebeslicht aus den Fingern des Ungeborenen dient, benutzen die Hexen das Kinderherz nach der Ansicht des schweizerischen Theologen Anhorn. Er fragt, warum sie Kinder morden: »Weilen sie gänzlich beredt sind/wann sie dreyer von jhnen getödter Kinderen Herz/mit sonderbaren gesprochenen Zauberworten/gefressen haben/so können sie sich vnsichtbar/vnd da sie solten gefangen vnd gefoltert werden/an der Folter/vnempfindtlich machen.« ...

Die Nürnberger Malefizbücher, aus denen Hampe allerlei wertvolle volkskundliche Quellen gezogen hat, reden zum Jahre 1719 von einem zu Amberg gerichteten »bösen Gesellen«, der »drei Kinderherzlein gefressen und zwei Kinderhändlein bei sich getragen« haben soll. Um 1750 ist es ein Hundssattler, der in Bayreuth hingerichtet wurde, weil er acht schwangere Frauen ermordet, aufgeschnitten und die noch zuckenden warmen Herzen gegessen hatte. Er hatte den Wahn, der Mensch werde fliegen können, wenn er neun Herzen von ungeborenen Kindern äße. Hierin liegt vielleicht der Schlüssel zu dem Geheimnis, das die Frage nach der Herkunft des Glaubens umgibt. Von den Hexen ist bekannt, daß sie Herzen fressen; sie haben die Eigenschaft, zuweilen fliegen zu können, ja, sich unsichtbar zu machen. Es liegt nahe, Herzfressen und Nachtfahren in ursächliche Verbindung miteinander zu bringen. Die Hexe fliegt, weil sie Herzen frißt. ...

Ganz geschwunden ist der alte Glaube aus neueren Überlieferungen noch nicht. Im Rheinland heißt es 1852: »Wer ein Herz eines dreijährigen Kindes hat, sieht alle verborgenen Schätze«, in Schwaben geht 13 Jahre später noch heimlich die Vorstellung durch das Volk: »Wer das Herz eines ungeborenen Kindes ißt, kann sich unsichtbar machen.« In den achtziger Jahren des 19. Jh. entstand im Lüneburgischen ein Gerede, das ganz bestimmte Männer beschuldigte, sie hätten von einem anderen sein erwartetes Kind gekauft, um dessen Herz und Fett zu haben, das zu manchem Zauber diene, vor allem den Dieben nützlich sei. Nach dem österreichischen Wortschatz, der um 1900 zusammengestellt wurde, ist ein »Herzenfresser« ein »Mensch, der Menschenherzen in abergläubischem Wahne ißt«.

ANONYM:
Richard Löwenherz

....

Als sie die Griechische See überquert hatten, hielten sich die drei Pilger, ehe sie weitergingen, in Deutschland auf. Das brachte ihnen großes Leid! Ich will es euch, die ihr hier seid, erzählen, hört wie es zuging! ...

Der König ließ sie in den Kerker werfen. Der Wärter, vernehm' ich, nahm Richard bei der Hand und mit ihm seine beiden Gefährten. Länger lagen sie nicht müßig, als bis am nächsten Tage zur ersten Stunde zu seinem Unglücke des Königs Sohn kam; Wardrewe hieß er, er war ein Ritter weitbekannt. Groß war er, stark und kühn, seinesgleichen war nicht in diesem Lande. »Pförtner«, sagte er, »ich bitte dich, laß mich deine Gefangenen sehen!« Der Pförtner sagte: »Herr, ich bin dir zu willen, früh oder spät, laut oder still.« Er brachte sie alle drei hervor, Richard kam da als erster. Wardrewe sprach dann zu ihm: »Bist du Richard, der starke Mann, wie man in aller Welt erzählt? Wagst du es, einen Schlag von meiner Hand auszuhalten? Und ich gebe dir Erlaubnis, mir morgen auch einen zu versetzen.« Sofort war Richard mit diesem Abkommen einverstanden. Der Königssohn, kühn und stolz, gab Richard eine Ohrfeige, daß das Feuer aus den Augen sprang. Richard dachte, daß jener ihm unrecht tue, und schwur seinen Eid bei St. Martin: »Morgen werde ich meinen Teil zurückzahlen!« Der Königssohn ließ sie gütig sich an Trank und Speise sättigen, vom Besten was sie essen wollten, damit er seinen Schlag nicht mit Schwäche entschuldigen könne. Und zur Ruhe sollte er in ein Bett gebracht werden, damit er bereit wäre, seinen Schlag heimzuzahlen. Der Königssohn war edel, er machte ihm diese Nacht behaglich. Morgens, als es Tag war, stand Richard auf, wie ich euch sage, reines und glänzendes

Wachs nahm er, sodann machte er sich ein Feuer an und wachste seine Hände bei dem Feuer ein, der Länge und Quere nach, des seid sicher, einen Strohhalm dick und mehr, denn er gedachte, mit der Hand, die er so bereitet, schmerzvoll zuzuschlagen, um wie er verheißen, heimzuzahlen. Der Königssohn kam dann, das Abkommen als zuverlässiger Mann einzuhalten; und er stand vor Richard und sprach zu ihm zornigen Mutes: »Schlag zu,« sagte er, »mit all deiner Kraft, so wahr du ein tüchtiger Ritter bist! Und wenn ich mich bücke oder beuge, so verhalte mich dazu, niemals mehr einen Schild zu tragen.« Unter sein Kinn legte Richard die Hand – der es sah, erzählte die Wahrheit –, Fleisch und Haut schlug er ihm weg, daß er in Todesohnmacht niederfiel. Entzwei brach er seinen Backenknochen, nieder fiel er, tot wie ein Stein.

Ein Ritter stürzte fort zum König und brachte ihm die Nachricht, daß Richard seinen Sohn erschlagen habe. »Wehe,« sagte er, »nun hab ich keinen mehr!« Mit diesen Worten fiel er, von Schmerz überwältigt, zu Boden. Aus Gram fiel er zu ihren Füßen ohnmächtig hin. Ritter hoben ihn rasch auf und sagten: »Herr, denkt nicht weiter daran; jetzt, da es geschehen, nützt es nichts mehr!« …

Der König sagte zornigen Sinnes: »Im Kerker sollen sie stille liegen bleiben, und schließt sie fest. Für die Untat, daß er meinen Sohn erschlagen hat, soll er nach richtigem Gesetze sterben.« Der Pförtner ging fort, seines Herrn Befehl auszuführen, wie er gesandt war. An jenem Tag aßen sie keine Speise, auch keinen Trank konnten sie erhalten.

Die Königstochter lag in ihrem Gemache mit ihren Ehrenmägden. Margery hieß sie, sie liebte Richard mit aller Macht. Um die Mittagszeit, bevor die Sonne am höchsten stand, ging sie alsbald zum Kerker und mit ihr drei Jungfrauen. »Kerkermeister«, sagte sie, »laß mich rasch deine Gefangenen sehen!« Freudig sagte er: »Gewiß!« Sogleich holte er Richard hervor, geziemend begrüßte er die schöne Dame und sagte zu ihr freimütig: »Was willst du, Herrin, von mir?« Als sie ihn mit beiden Augen sah, da entbrannte sie in Liebe zu ihm und sagte: »Richard, außer Gott da droben, liebe ich von allen Dingen dich am meisten!« »Wehe nun!« sagte er, »mit Unrecht bin ich ins Verderben gebracht! Was kann meine Liebe dir bringen? Ein armer Gefangener, wie du siehst! Dies ist der dritte Tag, daß ich weder Speise noch Trank hatte!« Die Dame hatte Mitleid mit ihm und sagte, dem solle abgeholfen werden. Sie befahl dem Kerkermeister, ihm Speise und Trank zu bringen. »Um meinetwillen nimm die Eisen von ihm, ich befehle es dir. Und nach dem Nachtessen, zu Abend, bring ihn in meine Kammer, in dem Gewand eines Pagen. Ich selbst will ihn dort bewahren. Bei Jesus Christus und St. Simon, du wirst deinen Lohn erhalten!«

Abends vergaß es der Pförtner nicht, er brachte ihn zu ihrer Kammer. Mit jener Dame verweilte er still und ergötzte sich mit ihr nach Herzenslust. Sieben Tage lang, gewiß, ging und kam er ganz im geheimen. Da wurde er von einem Ritter erspäht, wie er nachts nach ihrer Kammer kam. Insgeheim erzählte er dem Könige, daß seine junge Tochter verführt sei. Sogleich fragte der König: »Wer hat dann dies getan?« »Richard«, sagte er, »jener Verräter! Er hat diese Schandtat vollbracht! Herr, so wahr ich ein Christ bin, ich sah, wie er ging und kam.«

Herzlich bitter stöhnte der König, zu ihm sprach er dann nichts mehr, aber rasch, ohne Zweifel, sandte er nach seinem Rat, Grafen, Baronen und weisen Geistlichen, um diese traurigen Ereignisse zu besprechen. …

Drei Tage und darüber verweilten sie da im Gespräch und stritten fest, als wären sie von Sinnen, in großer Unschlüssigkeit und Erbitterung. Einige wollten ihn getötet wissen, und einige sagten, dies sei ungesetzlich. …

Alsbald sprach ein Ritter zu dem Könige: »Herr, grämt Euch nicht, denn, fürwahr, Herr Eldryd, er kann gewiß vermelden, was am besten ist, denn er ist weise im Rat, manche hat er zu Tode geführt.« Der König ließ ihn ohne Verzug vorführen. Er ward vor den König gebracht, der fragte ihn anredend: »Kannst du mir vermelden, wie ich auf irgendeine Weise an König Richard gerächt werden könnte?« Er antwortete freimütig: »Darob muß ich mich bedenken. Ihr wißt wohl, daß es ungesetzlich ist, einen König zu hängen oder zu vierteilen. Ihr sollt nach meiner Meinung so handeln: Nehmt sofort Euren Löwen und versagt ihm seine Nahrung, drei Tage lang soll er nichts fressen. Und Richard steckt in ein Zimmer und laßt den Löwen zu ihm; auf diese Weise soll er getötet werden. Dann handelst du nicht gegen das Gesetz. Der Löwe wird ihn dort töten, und du bist an deinem Feinde gerächt.«

Das Mägdlein kundschaftete diesen Urteilsspruch aus, daß er durch Verrat sterben sollte, und rasch sandte sie nach ihm, um ihn vor diesem Urteile zu warnen. Als er dann zu der Kammer kam, sagte sie: »Willkommen, mein Liebster, mein Gebieter hat auf einen Rat hin bestimmt, daß du am dritten Tage getötet werden sollst. Du sollst in ein Zimmer gesteckt und ein Löwe, der gar sehr ausgehungert ist, soll zu dir gelassen werden; da weiß ich wohl, daß du nicht länger lebst! Aber, teurer Geliebter«, sagte sie dann, »heute nacht wollen wir von dannen fliehen; mit so viel Gold und Silber und Schätzen, um immer dran genug zu haben.« Richard sagte: »Soweit ich mich auskenne, wäre das gegen des Landes Gesetz, fortzugehen ohne Urlaub zu nehmen. Den König will ich nicht so betrüben. Von dem Löwen halte ich nichts, ihn habe ich zu töten vor. Zur ersten Stunde, am dritten Tage, gebe ich dir sein Herz als Beute.« Seidene Tücher bat er sich aus, vierzig an der Zahl, weiß wie Milch. »Zum Kerkertor bringe sie, vor Abendanbruch.«

Als die Zeit herankam, begab sich das Mägdlein auf den Weg zum Kerker, und mit ihr ein edler Ritter. Ihr Abendmahl war fertig zubereitet, Richard ließ seine beiden Gefährten zu ihm zum Essen kommen. »Und auch du, Herr Pförtner, die Dame befiehlt dich dazu.« Diesen Abend waren sie fröhlich, und hierauf zogen sie sich aufs Zimmer zurück. Aber Richard und das süße Wesen weilten die ganze Nacht beisammen.

Morgens, als es Tag war, bat Richard sie, ihn zu verlassen. »Nein«, sagte sie, »bei Gott im Himmel, hier werde ich aus Liebe zu dir sterben. Gerade hier will ich nun verweilen, sollte auch der Tod mein Los sein. Fürwahr, nicht will ich fortgehen von hier, ich werde mich Gottes Gnade ergeben.« Richard sagte: »Edle Dame, wenn du nicht rasch von mir gehst, wirst du mich so bitter erzürnen, daß ich dich nimmer liebe.« Da entgegnete sie: »Nein, Liebster, dann leb wohl! Gott, der am Kreuze starb, rette dich, wenn es sein Wille ist!« Die Tücher nahm er zur Hand, um seinen Arm wickelte er sie. Da gedachte er, den Löwen mit List zu töten. Allein in seinem Kittel stand er da, erwartete den grimmen und wilden Löwen. Da kam der Kerkermeister und zwei andere in seiner Begleitung, mit ihnen der Löwe, seine Klauen waren scharf und lang. Die Kammertür haben sie geöffnet und den Löwen zu ihm gelassen. Richard rief: »Jesus, hilf!« Der Löwe machte einen großen Sprung und hätte ihn ganz in Stücke gerissen; König Richard sprang da zur Seite, dem Löwen stieß er mit dem Fuß in die Brust, daß der Löwe ganz herumkollerte. Der Löwe war hungrig und mager, und mit seinem Schweife peitschte er die Wände gar fest, um in Wut zu kommen; er spreizte seine Klauen auseinander, brüllte laut und riß das Maul weit auf. König Richard überlegte da, was das beste für ihn wäre, sprang gegen ihn, stieß den Arm in seinen Rachen, riß sein Herz mit der Hand heraus, Lungen und Leber und alles, was er fand. Der Löwe fiel tot zu Boden, Richard war weder verletzt noch verwundet. Er kniete an dieser Stelle nieder und dankte Jesus für seine Gnade, die ihn vor Schande und Weh bewahrt. Er nahm das Herz, noch warm, und brachte es in die Halle vor den König und alle seine Mannen.

Der König saß zu Tisch am Ehrensitze mit Herzogen und Grafen, mit stolzen, in Menge. Das Salzfaß stand auf der Tafel,

Richard drückte alles Blut aus und rieb das Herz im Salz – der König und alle seine Mannen sahen zu –, ohne Brot aß er das Herz. Der König verwunderte sich und sprach alsbald: »Gewiß, wenn ich recht vermute, ist jener ein Teufel und kein Mensch, der meinen starken Löwen getötet, das Herz ihm aus dem Leibe gerissen und es herzhaft gegessen hat! Er mag mit Fug und Recht der berühmteste König der Christenheit heißen, der starke Richard Löwenherz!«

Dante Alighieri:
Vide cor tuum

....

Wie ich aber so an sie dachte, überkam mich ein sanfter Schlummer, in welchem mir eine wundersame Vision erschien: denn mir deuchte, als sähe ich in meinem Zimmer einen feuerfarbenen Nebel; darin unterschied ich die Gestalt eines Gebieters von furchterregendem Anblick für einen jeglichen, der ihn ansähe; er hingegen schien mir seinerseits von solcher Fröhlichkeit, daß es etwas Wundervolles war; und in seinen Worten sagte er vieles, was ich nicht verstand, außer wenigem, und darunter verstand ich dieses: *»Ego dominus tuus«* (Ich bin dein Herr). In seinen Armen glaubte ich eine Gestalt schlafen zu sehen, nackt, nur daß sie leicht eingehüllt schien in ein blutrotes Tuch; als ich sie eingehender betrachtete, erkannte ich, daß sie die Herrin des Grußes war, die mich tags zuvor des Grüßens für würdig befunden. Und in der einen Hand schien mir jener etwas zu halten, das loderte ganz und gar, und es war mir, als sagte er mir diese Worte: *»Vide cor tuum«* (Siehe, dein Herz). Und als er eine Weile so geblieben war, schien mir, daß er die, die da schlief, aufweckte; und er bemühte sich sehr, sie durch die Kraft seines Geistes dazu zu bewegen, jenes Ding zu essen, das in seinen Händen brannte, und sie aß es zögernd. Danach verharrte er nur kurz, und seine Freudigkeit verkehrte sich in das bitterste Weinen; und so weinend nahm er jene Frau wieder in seine Arme und entschwebte mit ihr, so schien mir, gen Himmel; da hatte ich solche Angstbeklemmung zu ertragen, daß mein schwacher Schlummer sich nicht halten konnte, sondern abbrach, und ich erwachte.

Das Herz der Pflanzen

Lieber Freund, brich du einer Pflanze das Herz aus, sie mag hernach treiben und treiben, unzählige Nebenschößlinge – es gibt vielleicht einen starken Busch, aber der stolze königliche Wuchs des ersten Schusses ist dahin.
(Johann Wolfgang von Goethe)

Else Lasker-Schüler:
Das Herz der Pflanzen

....

Ein mir Unbekannter schrieb das über mich:
Else Lasker-Schüler, dieser unendlich kleine, unendlich große Stern in einer unendlich großen, unendlich kleinen Welt von Literatur, träumt von »Bäumen unter sich«. Und erzählt: »Bäume, überhaupt jede Pflanze, besitzen ein wirklich pochendes Herz, das das Blut durch die Zellen treibt, durch die allerkleinste ihres Blattes. Früchte vermögen zu erröten, und namentlich der Herzkirsche spielt die Liebe das Blut in die Wangen. Pflanzen besitzen wirkliche Herzen, manche, heilig blutend am Morgen, wie es bei der jungen Linde der Fall ist.« Man kann schwerlich annehmen, daß die Dichterin die Tagungen der englischen Naturwissenschaftler verfolgt. Und wohl noch weniger, daß sie sich von ihnen inspirieren läßt. Und doch hat bekanntlich erst vor wenigen Wochen auf dem Kongreß der Naturforscher der indische Gelehrte Bose seine aufsehenerregende Entdeckung über das Herz der Pflanzen bekanntgegeben. Mit Hilfe genial-komplizierter Kontrollsysteme konnte er den Nachweis des Blutkreislaufes und der Herztätigkeit, ja sogar der Herztöne, der Pflanze erbringen. – Wozu Bose, der indische Mystiker-Gelehrte, dreißig Jahre mühevollen Studiums brauchte, das sagt die Dichterin nur so nebenbei. Niemandem fällt es auf. Obgleich es im Grunde einer der verblüffendsten Beweise ist, wie weit sich das »Schauen« des wahren Künstlers der »objektiven Wahrheit« nähert. Wie Schönheit und Wahrheit im höheren Sinne eben eines sind. Und das besonders Beglückende ist, daß dieser Beweis des »Rechtbehaltens« schöpferischer künstlerischer Phantasie in unsere Tage fällt, in eine Zeit, in der in der Regel nur Rechenmaschinen und ihre menschlichen Anhängsel recht behalten.

Rose Ausländer:
Allee

Ich höre das Herz
des Oleanders
gehe durch die grüne Allee
mit Blüten und Dornen
im Bund
ein Zipfelchen Zeit
in der Tasche

Paul Celan:
»Wer sein Herz aus der Brust reißt . . .«

Wer sein Herz aus der Brust reißt zur Nacht, der langt nach der Rose.
Sein ist ihr Blatt und ihr Dorn,
ihm legt sie das Licht auf den Teller,
ihm füllt sie die Gläser mit Hauch,
ihm rauschen die Schatten der Liebe.

Wer sein Herz aus der Brust reißt zur Nacht und schleudert es hoch:
der trifft nicht fehl,
der steinigt den Stein,
dem läutet das Blut aus der Uhr,
dem schlägt seine Stunde die Zeit aus der Hand:
er darf spielen mit schöneren Bällen
und reden von dir und von mir.

H. C. Artmann:

»den hintern«

den hintern
sollte ich dir
mit der rute
glattfegen,
sagt anselm,
du hast mir das herz
zerschnitten,
schöne fleischerin,
was soll ich
nun tun
ohne das rote,
schlagende ding,
wie wär es
einem einfachen
menschen möglich
ohne es
weiter zu leben?
da geht
der sinnreiche
anselm hinaus
in den garten
der hausfrau
und fällt
einen reifen kürbis...
ich mache mir jetzt,
sagt er,
mit meinem neuen
kirchtagsmesser
ein andres!

wunderbar!
seine kunstfertigkeit
in der skulptur
ist immerhin
eminent genug,
daß er sie nach
allem trübsal noch
nicht vergessen hat...

Wenn mein Herz gesund wär

....

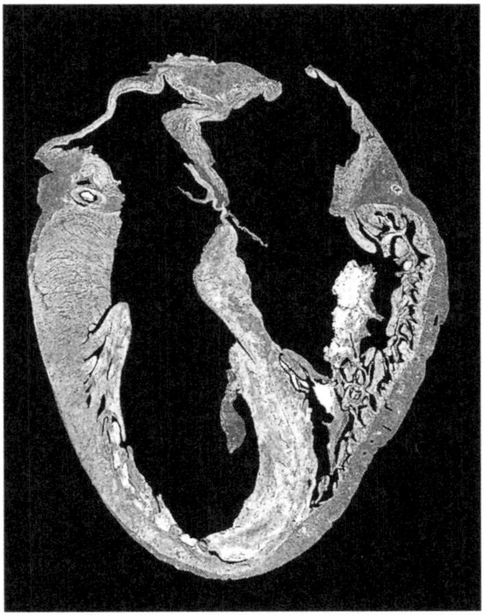

Die Wissenschaft, was kein Scherz mehr,
Stellt fest, wir haben kein »Herz« mehr.
Es ist nur ein Pumpwerk –
Und meist ein Gelumpwerk! –
Wo kommen jetzt Lust und Schmerz her?
(Eugen Roth: Herzverpflanzung)

....

Ulla Hahn:

Verschreibungspflichtig

Jetzt bin ich ganz ruhig

Ich nahm sechs Tage lang
morgens mittags und abends
drei davon
verlor ich mein Herz
an einen Chemiekonzern aber
auf pflanzlicher Basis schossen
Maiglöckchen Rosmarin Roßkastanie
aus allen Herzkammern
auf dich das traf
bis du Ruhe gabst
mich jeder Schuß
ein Treffer ins Schwarze

Jetzt bin ich ganz ruhig

Mein muskulöses Zentralorgan
in einem Meer von Baldrian
reimt sich nicht mehr
auf Schmerz.

Lynn Payer:
Das Herz – der wunde Punkt der Deutschen

....

Schon ein kurzer Blick in Statistiken über den Arzneimittelkonsum in der Bundesrepublik genügt, um einen in Erstaunen zu versetzen: Die Deutschen nehmen prozentual sechsmal so viele Medikamente für das Herz wie die Franzosen und die Engländer.

Das liegt nicht etwa daran, daß es in der Bundesrepublik mehr Herzkrankheiten gäbe als anderswo. Herzinfarkte z. B. kommen zwar in Frankreich seltener vor, nicht jedoch in England. Die Anzahl der Todesfälle, die auf koronare Herzkrankheiten zurückgeführt werden, ist in der Bundesrepublik sogar niedriger als in England und den Vereinigten Staaten, und an anderen Herzkrankheiten sterben in allen drei Ländern im Verhältnis ungefähr gleich viele Menschen.

Warum dann dieser ungeheure Konsum von Medikamenten für das Herz? Bei genauerem Nachforschen bieten sich zwei Erklärungen an. Zum einen gibt es in der Bundesrepublik eine sehr verbreitete Diagnose, die von vielen Ärzten häufig relativ bedenkenlos gestellt wird, ohne daß unbedingt schlagkräftige Beweise dafür vorliegen: Ich meine die Diagnose der *Herzinsuffizienz.* Zum zweiten haben die Deutschen eine weniger mechanistische Vorstellung vom Herzen als Menschen anderer Länder, was dazu führt, daß Patienten, bei denen in den Vereinigten Staaten eine koronare Bypass-Operation durchgeführt würde, in der Bundesrepublik medikamentös behandelt werden.

Auf meine Frage, warum diese und andere medizinische Eigenarten (wie z. B. die Sorge um den Kreislauf) sich gerade in Deutschland und nirgendwo sonst herausgebildet hätten, bekam ich mehr als einmal zur Antwort, daß die deutsche Romantik etwas damit zu tun habe.

Die literarische, philosophische und musikalische Strömung, die als Romantik bezeichnet wird, erfaßte im 19. Jahrhundert ganz Europa, wird jedoch am stärksten mit Deutschland assoziiert. Es gibt keine genaue Definition der Romantik, aber man kann zumindest sagen, daß sie in vielerlei Hinsicht den Gegenpol zum Cartesianismus bildet. In der Romantik nahm nicht das Denken, sondern das Fühlen den höchsten Rang ein, und es herrschte ein unverbrüchlicher Glaube daran, daß Herz und Seele ihre ganz eigenen Regungen und Gesetze haben. Anstatt die Welt wie die Cartesianer als eine Maschine zu betrachten, sahen die Romantiker sie als einen lebendigen Organismus an. ...

Die Deutschen sprechen heute nicht mehr von romantischer Medizin, aber ihr medizinisches Denken scheint in mancher Hinsicht auch jetzt noch von der deutschen romantischen Tradition inspiriert zu sein. ...

In den Vereinigten Staaten wird das Herz als eine Pumpe betrachtet, und als häufigste Ursache für Herzerkrankungen gilt, daß die Leitungen, an die diese Pumpe angeschlossen ist, blockiert sind. Amerikanische Ärzte verwenden daher bevorzugt diagnostische Verfahren, mit Hilfe derer man solche Blockierungen erkennen kann (das Angiogramm), und favorisieren Behandlungsmethoden, die die Blockierungen beseitigen (die koronare Bypass-Operation). Es kommt sicherlich nicht von ungefähr, daß es gerade die Amerikaner waren, die als erste ernsthaft darüber nachdachten, ob man das Herz nicht durch einen künstlichen Apparat ersetzen könne.

Als Reporter einem Team von Krankenhausärzten die Frage stellten, ob denn das Herz, Symbol der Liebe, Ursprung des Lebens, Heimat der Seele, überhaupt durch eine einfache mechanische Pumpe ersetzt werden könne, antwortete der Direktor der an das Krankenhaus angeschlossenen Abteilung für künstliche Organe: »Es ist zwar richtig, daß wir Herzklopfen bekommen und unser Herz schneller schlägt, wenn wir verliebt sind, aber das ist zweitrangig. Wenn jemand, der ein künstliches Herz besitzt, solche Empfindungen gerne verspüren möchte, dann kann er den Rhythmus der Pumpe beschleunigen.«

Die Deutschen wußten es besser, denn ihre Vorstellung vom Herzen ist eine andere und, wie sich allmählich herausstellt, zumindest in mancher Hinsicht auch die zutreffendere. Für die Deutschen stellt das Herz keine Pumpe dar, sondern ein Organ, das eigener Regungen fähig ist und auf eine Reihe von verschiedenen Impulsen einschließlich der Emotionen nach seinen eigenen Gesetzen reagiert. Mit anderen Worten, das deutsche Herz trägt im Gegensatz zum amerikanischen Herzen noch immer metaphorische Bedeutung, es wird mit Liebe, mit Gefühlen assoziiert.

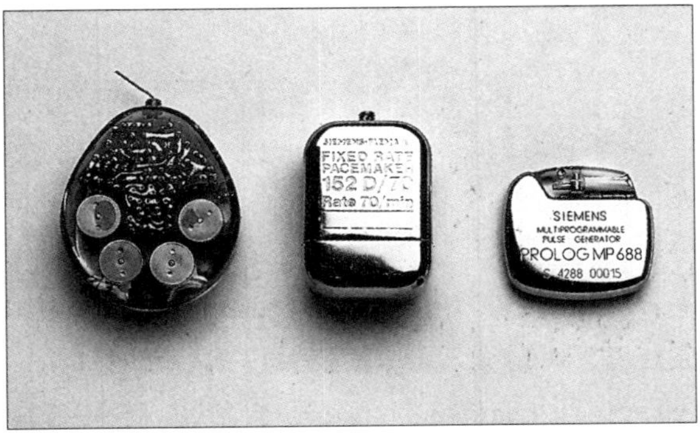

Herzschrittmacher, 60er bis 80er Jahre

Thomas Mann:
Mein Gott, ich sehe!

....

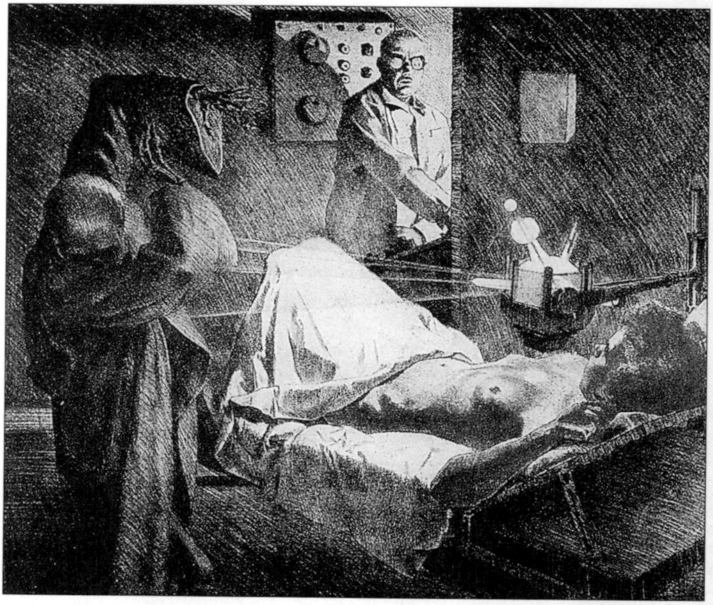

Castorp war zu benommen von dem, was er hinter sich ließ, von den Abenteuern der letzten zehn Minuten, als daß mit dem Übertritt in den Durchleuchtungsraum auch seine innere Gegenwart sich sogleich hätte umstellen können. Er sah nichts oder nur sehr Allgemeines im künstlichen Halblicht. Er hörte Frau Chauchats angenehm verschleierte Stimme, mit der sie gesagt hatte: »Was gibt es denn... Es sind Personen eben noch eingetreten... Das ist unangenehm...«, und dieser Stimmklang schauerte ihm als ein süßer Reiz den Rücken hinunter. Er sah ihr Knie unter dem Tuchrock sich abbilden, sah an ihrem gebeugten Nacken, unter dem kurzen rötlichblonden Haar, das dort lose hing, ohne in die Zopffrisur aufgenommen worden zu sein, die Halswirbel hervortreten, und abermals überlief ihn der Schauder. Er sah Hofrat Behrens, abgewandt von den Eintretenden, vor einem Schrank oder regalförmigen Einbau stehen und eine schwärzliche Platte betrachten, die er mit ausgestrecktem Arm gegen das matte Deckenlicht hielt. An ihm vorbei gingen sie tiefer in den Raum hinein, überholt von dem Gehilfen, der Vorbereitungen zu ihrer Behandlung und Abfertigung traf. Es roch eigentümlich hier. Eine Art von abgestandenem Ozon erfüllte die Atmosphäre. Zwischen den schwarzverhängten Fenstern vorspringend, teilte der Einbau das Laboratorium in zwei ungleiche Hälften. Man unterschied physikalische Apparate, Hohlgläser, Schaltbretter, aufrecht ragende Meßinstrumente, aber auch einen kameraartigen Kasten auf rollbarem Gestell, gläserne Diapositive, die reihenweise in die Wand eingelassen werden, – man wußte nicht, war man in dem Atelier eines Photographen, einer Dunkelkammer oder einer Erfinderwerkstatt und technischen Hexenoffizin.

Joachim hatte ohne weiteres begonnen, seinen Oberkörper frei zu machen. Der Gehilfe, ein jüngerer, gedrungener und rotbäckiger Eingeborener in weißem Kittel, wies Hans Castorp an, ein gleiches zu tun. Es gehe schnell, er sei sofort an der Reihe ... Während Hans Castorp die Weste auszog, kam Behrens aus dem kleinen Abteil, wo er gestanden, in den geräumigeren herüber.

»Hallo!« sagte er. »Das sind ja unsere Dioskuren! Castorp und Pollux ... Bitte, Wehelaute zu unterdrücken! Warten Sie nur, gleich werden wir Sie alle beide durchschaut haben. Ich glaube, Sie haben Angst, Castorp, uns Ihr Inneres zu eröffnen? Seien Sie ruhig, es geht ganz ästhetisch zu. Hier, haben Sie meine Privatgalerie schon gesehen?« Und er zog Hans Castorp am Arm vor die Reihen der dunklen Gläser, hinter denen er knipsend Licht einschaltete. Da erhellten sie sich, zeigten ihre Bilder. Hans Castorp sah Gliedmaßen: Hände, Füße, Kniescheiben, Ober- und Unterschenkel, Arme und Beckenteile. Aber die rundliche Lebensform dieser Bruchstücke des Menschenleibes war schemenhaft und dunstig von Kontur; wie ein Nebel und bleicher Schein umgab sie ungewiß ihren klar, minutiös und entschieden hervortretenden Kern, das Skelett.

»Sehr interessant«, sagte Hans Castorp.

»Das ist allerdings interessant!« erwiderte der Hofrat. »Nützlicher Anschauungsunterricht für junge Leute. Lichtanatomie, verstehen Sie, Triumph der Neuzeit. Das ist ein Frauenarm, Sie ersehen es aus seiner Niedlichkeit. Damit umfangen sie einen beim Schäferstündchen, verstehen Sie.« Und er lachte, wobei seine Oberlippe mit dem gestutzten Schnurrbärtchen sich einseitig höher schürzte. Die Bilder erloschen. Hans Castorp wandte sich zur Seite, dorthin, wo Joachims Innenaufnahme sich vorbereitete.

Es geschah vor jenem Einbau, an dessen anderer Seite der Hofrat anfangs gestanden. Joachim hatte auf einer Art von Schustersessel vor einem Brett Platz genommen, gegen das er die Brust preßte, wobei er es außerdem mit den Armen umschlang; und mit knetenden Bewegungen verbesserte der Gehilfe seine Stellung, indem er Joachims Schultern weiter nach vorn drückte, seinen Rücken massierte. Hierauf begab er sich hinter die Kamera, um, wie irgendein Photograph, gebückt, breitbeinig, die Ansicht zu prüfen, drückte seine Zufriedenheit aus und mahnte Joachim, beiseite gehend, tief einzuatmen und, bis alles vorüber, die Luft anzuhalten. Joachims gerundeter Rücken dehnte sich und blieb stehen. In diesem Augenblick hatte der Gehilfe am Schaltbrett den nötigen Handgriff getan. Zwei Sekunden lang spielten fürchterliche Kräfte, deren Aufwand erforderlich war, um die Materie zu durchdringen, Ströme von Tausenden von Volt, von hunderttausend, Hans

Castorp glaubte sich zu erinnern. Kaum zum Zwecke gebändigt, suchten die Gewalten auf Nebenwegen sich Luft zu machen. Entladungen knallten wie Schüsse. Es knatterte blau am Meßapparat. Lange Blitze fuhren knisternd die Wand entlang. Irgendwo blickte ein rotes Licht, einem Auge gleich, still und drohend in den Raum, und eine Phiole in Joachims Rücken füllte sich grün. Dann beruhigte sich alles; die Lichterscheinungen verschwanden, und Joachim ließ seufzend den Atem aus. Es war geschehen.

»Nächster Delinquent!« sagte Behrens und stieß Hans Castorp mit dem Ellenbogen. »Nur keine Müdigkeit vorschützen! Sie kriegen ein Freiexemplar, Castorp. Dann können Sie noch Kindern und Enkeln die Geheimnisse Ihres Busens an die Wand projizieren!«

Joachim war abgetreten; der Techniker wechselte die Platte. Hofrat Behrens unterwies den Neuling persönlich, wie er sich zu setzen, zu halten habe. »Umarmen!« sagte er. »Das Brett umarmen! Stellen Sie sich meinetwegen was anderes darunter vor! Und gut an die Brust drücken, als ob Glücksempfindungen damit verbunden wären! Recht so. Einatmen! Stillgehalten!« kommandierte er. »Bitte, recht freundlich!« Hans Castorp wartete blinzelnd, die Lunge voller Luft. Hinter ihm brach das Gewitter los, knisterte, knatterte, knallte und beruhigte sich. Das Objektiv hatte in sein Inneres geblickt.

Er stieg ab, verwirrt und betäubt von dem, was mit ihm geschehen, obgleich ja die Durchdringung ihm nicht im geringsten empfindlich geworden war. »Brav«, sagte der Hofrat. »Nun werden wir selber sehen.« Und schon hatte Joachim, bewandert wie er war, sich weiter hinbegeben, näher der Ausgangstür an einem Stativ Aufstellung genommen, im Rücken den weitläufig sich aufbauenden Apparat, auf dessen Rückenhöhe man eine halb mit Wasser gefüllte Glasblase mit Verdunstungsröhre gewahrte, vor sich, in Brusthöhe, einen gerahmten Schirm, der an Rollzügen schwebte. Zu seiner Linken, inmitten eines Schaltbretts und Instrumentariums, erhob sich eine rote Lampenglocke. Der Hofrat, vor dem hängenden Schirm auf einem Schemel reitend, entzündete sie. Das Deckenlicht erlosch, nur das Rubinlicht noch erhellte die Szene. Dann hob der Meister auch dieses mit kurzem Handgriff auf, und dichteste Finsternis hüllte die Laboranten ein.

»Erst müssen die Augen sich gewöhnen«, hörte man den Hofrat im Dunkel sagen. »Ganz große Pupillen müssen wir erst kriegen, wie die Katzen, um zu sehen, was wir sehen wollen. Das verstehen Sie ja wohl, daß wir es so ohne weiteres mit unseren gewöhnlichen Tagaugen nicht ordentlich sehen können. Den hellen Tag mit seinen fidelen Bildern müssen wir uns erst mal aus dem Sinn schlagen zu dem Behuf.«

»Selbstredend«, sagte Hans Castorp, der hinter des Hofrats Schulter stand, und schloß die Augen, da es ganz gleichgültig war, ob man sie offenhielt oder nicht, so schwarz war die Nacht. »Erst müssen wir uns mal die Augen mit Finsternis waschen, um so was zu sehen, das ist doch klar. Ich finde es sogar gut und richtig, daß wir uns vorher ein bißchen sammeln, sozusagen in stillem Gebet. Ich stehe hier und habe die Augen geschlossen, es ist mir angenehm schläfrig zu Sinn. Aber wonach riecht es hier nur?«

»Sauerstoff«, sagte der Hofrat. »Das ist Oxygen, was Sie in den Lüften spüren. Atmosphärisches Produkt des Stubengewitters, verstehen Sie mich ... Augen auf!« sagte er. »Jetzt fängt die Beschwörung an.« Hans Castorp gehorchte eilig.

Man hörte das Umlegen eines Hebels. Ein Motor sprang auf und sang wütend in die Höhe, wurde aber durch einen neuen Handgriff zur Stetigkeit gebändigt. Der Fußboden bebte gleichmäßig. Das rote Lichtlein, länglich und senkrecht, blickte mit stillem Drohen herüber. Irgendwo knisterte ein Blitz. Und langsam, mit milchigem Schein, ein sich erhellendes Fenster, trat aus dem Dunkel das bleiche Viereck des Leuchtschirms hervor, vor welchem Hofrat Behrens auf seinem Schusterschemel ritt, die Schenkel gespreizt, die Fäuste daraufgestemmt, die Stumpfnase dicht an die Scheibe, die Einblick in eines Menschen organisches Inneres gewährte.

»Sehen Sie, Jüngling?« fragte er ... Hans Castorp beugte sich über seine Schulter, hob aber noch einmal den Kopf, dorthin, wo im Dunkel Joachims Augen zu vermuten waren, die sanft und traurig blicken mochten, wie damals bei der Untersuchung, und fragte:

»Du erlaubst doch?«

»Bitte, bitte«, antwortete Joachim liberal aus seiner Finsternis. Und beim Schüttern des Erdbodens, im Knistern und Rumoren der spielenden Kräfte spähte Hans Castorp gebückt durch das bleiche Fenster, spähte durch Joachim Ziemßens leeres Gebein. Der Brustknochen fiel mit dem Rückgrat zur dunklen, knorpeligen Säule zusammen. Das vordere Rippengerüst wurde von dem des Rückens überschnitten, das blasser erschien. Geschwungen zweigten oben die Schlüsselbeine nach beiden Seiten ab, und in der weichen Lichthülle der Fleischesform zeigten sich dürr und scharf das Schulterskelett, der Ansatz von Joachims Oberarmknochen. Es war hell im Brustraum, aber man unterschied ein Geäder, dunkle Flecke, ein schwärzliches Gekräusel.

»Klares Bild«, sagte der Hofrat. »Das ist die anständige Magerkeit, die militärische Jugend. Ich habe hier Wänste gehabt, – undurchdringlich, beinahe nichts zu erkennen. Die Strahlen müßte man erst mal entdecken, die durch so eine Fettschicht gehen ... Dies hier ist saubere Arbeit. Sehen Sie das Zwerchfell?« sagte er und wies mit dem Finger auf den dunklen Bogen, der sich unten im Fenster hob und senkte ... »Sehen Sie die Buckel hier linkerseits, die Erhöhungen? Das ist die Rippenfellentzündung, die er mit fünfzehn Jahren hatte. Tief atmen!« kommandierte er. »Tiefer! Ich sage *tief!*« Und Joachims Zwerchfell hob sich zitternd, so hoch es konnte, Aufhellung war in den oberen Lungenteilen zu bemerken, aber der Hofrat war nicht befriedigt. »Ungenügend!« sagte er. »Sehen Sie die Hilusdrüsen? Sehen Sie die Verwachsungen? Sehen Sie die Kavernen hier? Da kommen die Gifte her, die ihn beschwipsen.« Aber Hans Castorps Aufmerksamkeit war in Anspruch genommen von etwas Sackartigem, ungestalt Tierischem, dunkel hinter dem Mittelstamme Sichtbarem, und zwar größerenteils zur Rechten, vom Beschauer aus gesehen, – das sich gleichmäßig ausdehnte und wieder zusammenzog, ein wenig nach Art einer rudernden Qualle.

»Sehen Sie sein Herz?« fragte der Hofrat, indem er abermals die riesige Hand vom Schenkel löste und mit dem Zeigefinger auf das pulsierende Gehänge wies... Großer Gott, es war das Herz, Joachims ehrliebendes Herz, was Hans Castorp sah!

»Ich sehe dein Herz!« sagte er mit gepreßter Stimme.

»Bitte, bitte«, antwortete Joachim wieder, und wahrscheinlich lächelte er ergeben dort oben im Dunklen. Aber der Hofrat gebot ihnen, zu schweigen und keine Empfindsamkeiten zu tauschen. Er studierte die Flecke und Linien, das schwarze Gekräusel im inneren Brustarm, während auch sein Mitspäher nicht müde wurde, Joachims Grabesgestalt und Totenbein zu betrachten, dies kahle Gerüst und spindeldürre Memento. Andacht und Schrecken erfüllten ihn. »Jawohl, jawohl, ich sehe«, sagte er mehrmals. »Mein Gott, ich sehe!« Er hatte von einer Frau gehört, einer längst verstorbenen Verwandten von Tienappel'scher Seite, – sie sollte mit einer schweren Gabe ausgestattet oder geschlagen gewesen sein, die sie in Demut getragen und die darin bestanden hatte, daß Leute, die baldigst sterben sollten, ihren Augen als Gerippe erschienen waren. So sah nun Hans Castorp den guten Joachim, wenn auch mit Hilfe und auf Veranstaltung der physikalisch-optischen Wissenschaft, so daß es nichts zu bedeuten hatte und alles mit rechten Dingen zuging, zumal er

Joachims Zustimmung ausdrücklich eingezogen. Dennoch wandelte Verständnis ihn an für die Melancholie im Schicksal jener seherischen Tante. Heftig bewegt von dem, was er sah, oder eigentlich davon, daß er es sah, fühlte er sein Gemüt von geheimen Zweifeln gestachelt, ob es rechte Dinge seien, mit denen dies zugehe, Zweifeln an der Erlaubtheit seines Schauens im schütternden, knisternden Dunkel; und die zerrende Lust der Indiskretion mischte sich in seiner Brust mit Gefühlen der Rührung und Frömmigkeit.

Erich Kästner:
Das Herz im Spiegel

Der Arzt notierte eine Zahl.
Er war ein gründlicher Mann.
Dann sprach er streng: »Ich durchleuchte Sie mal«,
und schleppte mich nebenan.

Hier wurde ich zwischen kaltem Metall
zum Foltern aufgestellt.
Der Raum war finster wie ein Stall
und außerhalb der Welt.

Dann knisterte das Röntgenlicht.
Der Leuchtschirm wurde hell.
Und der Doktor sah mit ernstem Gesicht
mir quer durchs Rippenfell.

Der Leuchtschirm war seine Staffelei
Ich stand vor Ergriffenheit stramm.
Er zeichnete eifrig und sagte, das sei
mein Orthodiagramm.

Dann brachte er ganz feierlich
einen Spiegel und zeigte mir den
und sprach: »In dem Spiegel können Sie sich
Ihr Wurzelwerk ansehn.«

Ich sah, wobei er mir alles beschrieb,
meine Anatomie bei Gebrauch.
Ich sah mein Zwerchfell im Betrieb,
und die atmenden Rippen auch.

Und zwischen den Rippen schlug sonderbar
ein schattenhaftes Gewächs.
Das war mein Herz! Es glich aufs Haar
einem zuckenden Tintenklecks.

Ich muß gestehn, ich war verstört.
Ich stand zu Stein erstarrt.
Das war mein Herz, das dir gehört,
geliebte Hildegard?

Laß uns vergessen, was geschah,
und mich ins Kloster gehn.
Wer nie sein Herz im Spiegel sah,
der kann das nicht verstehn.

Kind, das Vernünftigste wird sein
daß du mich rasch vergißt.
Weil so ein Herz wie meines kein
Geschenkartikel ist.

Peter Härtling: *Inwendiges Lachen*

....

Ich komme als einer der ersten zum Frühstück.

Den Weg vom Zimmer zum Speisesaal kenne ich nun schon so gut, daß ich mir kleine Umwege zutraue, über den Parkplatz, den Vorhof, am Fahrradschuppen vorbei.

Gegen Morgen hat es zu regnen begonnen. Ich stand sehr früh auf, duschte, setzte mich auf den Balkon.

Auf verrückte Weise denke ich sprachlos.

Sobald ich mich zu einem zusammenhängenden Satz konzentriere, fließt den Wörtern der Sinn aus. Immerhin bin ich imstande, mir diese Zustände plausibel zu machen. Seit mir zum ersten Mal regelmäßig und mehrfach am Tag der Blutdruck gemessen wird, weiß ich, daß er im Durchschnitt viel zu hoch liegt, ungefähr 130 im unteren und 210 im oberen Wert. Also ist vieles auf den Blutandrang in den Adern, den Gefäßen zurückzuführen.

Die hohen Wolken werden von einem heftigen Wind dünngeschliffen. Ohne Übergang leuchtet der Himmel, aus dem es gerade noch regnete.

Am Nachmittag bin ich von Doktor K. zur Tomografie bestellt. Die Sachlichkeit, mit der er mir das Gerät erläutert, hilft. Als das Herz, ein pumpendes, von lichten Fasern durchwirktes Gebilde sichtbar wird, werfe ich dem Arzt einen prüfenden Blick zu, den er mit verlegenem Jungenlachen erwidert.

Ihre Herzwand ist zu dick, sagt er. Der jahrelange Hochdruck, verstehen Sie – die Muskulatur hypertrophierte, ich meine, sie entwickelte sich übermäßig. Sobald es uns gelungen sein wird, Ihren Blutdruck zu normalisieren, wird sich das zurückbilden. Das Herz selbst ist nicht zu groß, stellt er noch fest.

Erst als die Prozedur vorbei ist, ich neben der Liege stehe, mir das Hemd anziehe und zuknöpfe, meint er beiläufig: Wir haben ja Zeit, uns zu überlegen, was zu tun ist.

Ich habe mich in meinem Zimmer verschanzt. Der Nachbar ist still. Die Tür zur Wiese steht offen. Die Vögel schreien. Zu meinem Erstaunen fügen sich die Wörter wieder meinen Gedanken. Satz für Satz zieht eine Novelle durch meinen Kopf. …

Jetzt höre ich Doktor K. zu, voller Befürchtungen.

Die Tomografie, auch eine Röntgenaufnahme genügten nicht. Erst mit einem Katheter seien die koronaren Schäden genau festzustellen. Ich erinnere mich an einen Arzt namens Forssmann, der sich als erster in einem Selbstversuch über die Armbeuge den Katheter eingeführt hat, mitten ins Herz.

Heute ziehe man es vor, den Katheter von der Leiste aus anzusetzen. Da bleibe nichts, nicht einmal eine Narbe.

Die Angst stößt gegen mein Herz, treibt mir das Blut in einer heißen Welle den Hals hoch.

Sie können es sich überlegen, sagt Doktor K.

Das brauche ich nicht, antworte ich, ich bin einverstanden.

Dann werde er mit München den Termin besprechen und mir sobald wie möglich Bescheid geben.

Ich beginne eine eigene Zeitrechnung zu entwickeln: Vor der Angiografie und danach. Meine »Novelle« zum Beispiel schreibe ich »danach«, obwohl sie mir »davor« einfiel, als ich beunruhigt um den See lief, mir überlegte, ob ich mich nicht mit einer Arbeit ablenken, eine Erzählung anfangen könnte, die nichts zu tun hat mit meiner Krankheit. Oder doch? …

Sollte ein Katheter, von der Leiste durch die Aorta eingeführt ins Herz, dessen poröse Wand durchstoßen, sei dies zwar ein Fehler des Operateurs, doch die auftretende Blutung schade kaum; sollte die Spitze des Katheters die Herzwand berühren, reagiere der Muskel mit einer Kontraktion außer der Regel. In beiden Fällen komme der Patient mit dem Schrecken davon.

Alle diese Beruhigungen beruhten ohne Zweifel auf Erfahrung, sagte ich mir; nun sollte ich die meine machen. Ich lag in der Münchener Universitätsklinik auf dem Operationstisch und verfolgte auf den Monitoren den Weg der dünnen, mit dem Köpfchen stoßenden Schlange quer durch meinen Körper, der sich in helle und dunkle Felder auflöste. Mit dem künstlichen Reptil, das durch die Ader, die auf den Bildschirmen unsichtbar blieb, in einer Schleife auf das Herz, *mein* Herz, zustieß, war mir eine Kontrastflüssigkeit eingespritzt worden, die mich in einer Woge von der Fußsohle bis zu den Haarwurzeln erhitzte und von dem sich immer deutlicher abzeichnenden Muskel pumpend aufgenommen wurde.

Mir schien, als halte die Schlange, bebend vor Ungeduld, vor der Herzpforte inne: Ich starrte auf das Bild, das durch Fleisch und Haut hindurch gesendet wurde, und empfand, was mich noch im nachhinein erstaunt, nicht den geringsten Anflug von Angst, sondern eine heitere, beinahe belustige Aufmerksamkeit hatte mich erfaßt. Ich konnte in mich hineinsehen! Ich betrachtete mein Herz und das, was vielleicht meine Seele war. Dies alles wurde durchwandert und geteilt von einem Fremdkörper, einer neugierigen Sonde, die gleich in jenen Raum eindringen würde, der uns, weil von ihm alles Leben ausgeht, als unberührbar und heilig gilt: das Herz.

Von der Hand des Arztes geführt, stieß der Katheter in den gleichmäßig arbeitenden Muskel, und es ereignete sich das, worauf man mich vorbereitet hatte: Der Schlangenkopf berührte die Herzwand. Unvermittelt zog sich der dunkle Rand zusammen. Zur gleichen Zeit spürte ich's; nicht als Schrecken oder als Schlag: Die Schlange kitzelte mein Innerstes, und dieses ganz und gar neue Gefühl verbreitete sich als Gelächter in mir, entfaltete eine weit erregtere Hitze als zuvor die Kontrastflüssigkeit.

Es war ein inwendiges Lachen, in dem Glück und Angst sich vereinten, ein kardialer Orgasmus. Ich hatte Mühe – den Katheter in der Arterie, unterm Licht der Operationslampe und angesichts der Monitoren – nicht in ein Gelächter auszubrechen, das womöglich die Ader zerrissen hätte. Also hielt ich das wunderbare Lachen in mir. Auch auf den Bildschirmen konnte ich es nicht erkennen.

Zwei Wochen vorher hatte mir Doktor K. nach einer ausführlichen Untersuchung erklärt, die Wand meines Herzens sei, jahrelang strapaziert von einem zu hohen Blutdruck, viel zu dick geworden. Es habe sich ein Elefantenherz entwickelt, wie bei Hochleistungssportlern, dies allein durch die Anstrengung, Blut durch die verengten Adern treiben zu müssen.

Bisher habe ich davon nicht erzählen können. Der Eingriff sei nicht schlimm gewesen, habe ich abgewiegelt, ich hätte mich grundlos gefürchtet. Ich wollte dieses Lachen nicht preisgeben. Denn es hat mich verwirrt, mein Wesen und Gedächtnis verändert. Der, der ich gewesen bin – nein: die, die ich gewesen bin, ein Kind, ein Junge, ein Mann, drängen sich nach vorn, und Geschichten, die ich vergessen wollte, die ich umerzählt hatte, damit ich sie vergessen konnte, liegen nun bloß.

Während das Lachen von der Herzwand ausging, mich inwendig erfaßte, hatte ich den Eindruck, ich könnte mich in allen Schichten und Geschichten, in allen Lebensaltern so deutlich wiedererkennen, wie ich mein Inneres auf den Monitoren sah.

Heiner Müller:

Herzkranzgefäß

Der Arzt zeigt mir den Film DAS IST DIE STELLE
SIE SEHEN SELBST. Jetzt weißt du, wo Gott wohnt
Asche der Traum von sieben Meisterwerken
Drei Treppen und die Sphinx zeigt ihre Kralle
Sei froh, wenn der Infarkt dich kalt erwischt
Statt daß ein Krüppel mehr die Landschaft quert
Gewitter im Gehirn, Blei in den Adern
Was du nicht wissen wolltest ZEIT IST FRIST
Die Bäume auf der Heimfahrt schamlos grün

Paul Klee: Ein Herz, welches noch fehlte

Else Lasker-Schüler:
Wenn mein Herz gesund wär – Kinematographisches

....

Wenn mein Herz gesund wär, spräng ich zuerst aus dem Fenster; dann ging ich in den Kientopp und käm nie wieder heraus. Es ist mir genau so, als ob ich das große Los gewonnen hab' und noch nicht ausbezahlt bin, oder auf einer Pferdelotterie einen Gaul gewonnen hab' und keinen Stall »umsonst« auftreiben kann. Das Leben ist doch eigentlich ein Wendeltreppendrama, immer so rund herauf und wieder hinunter, immer um sich selbst wie bei den Sternen. Ich bin in freudiger Verzweiflung, in verzweifelter Freudigkeit; am liebsten machte ich einen Todessprung oder einen Jux. Meine Freundin Laurentia zecht wie ein Fuchs, sie studiert die Sprache der alten Herren, ich meine Griechisch und Lateinisch, und macht gute Fortschritte. Aber was geht mich das alles an; ich will nichts wissen, nichts. Wenn es nur nicht klopfen würde!

Das Gehirn wird rein aufgewühlt, es klopft nicht allein unten jeden Freitag und Sonnabend, jedes Stäubchen wird aufgewirbelt, es klopft auch an den anderen Wochentagen, denn ich wohne zwischen Haus und Haus und muß die Brutalität aller Höfe ertragen. Ich sitze immer bei geschlossenen Fenstern und werde gar nichts von dem Sommer haben; ausgehen kann ich nicht, ich schreibe Geistergeschichten; ich habe Schulden. Dabei zieht's, wenn ich die Türen rechts und links und hinter mir auflasse. Ich trage seit dieser Wohnung ein Katzenfell; wenn ich abends wo eingeladen bin, überkommt mich eine furchtbare Angst, ich könnte anfangen zu miauen. Ich hab' gar keine Lust zum Leben mehr, wenn noch die Menschen gerne meine Lyrik lesen wollten; wer sie gern liest, der soll mir doch mal einen netten Brief schreiben. Ich muß nämlich wegen meiner Krankheit in Kleesalz baden, damit man nicht über mich ausrutscht. Ich habe dann immer so eine Langeweile in der Badewanne, und lese gerne schmeichelhafte Briefe an mich. Was einen schlechte Kritiken ärgern! Man hat doch sofort jemand gern, der einem schöne Worte schreibt. Es *gibt* sympathische Geschöpfe auf der Welt. Ich kann nur Weißgesichter nicht leiden, ich habe einen Argwohn gegen Licht. Darum nehme ich mir auch nur schwarze Mägde und Diener. Ich habe zwei Neger und zwei Indianerinnen; Tecofis Vaterhäuptling kommt manchmal nach Berlin und tritt dort mit seiner Truppe im Chât noir auf. Tecofi fragt mich, wenn sein Vater nach Berlin kommt, ob er bei mir in der Badewanne schlafen könne. Ich hab' nichts dagegen. Mein Somalineger ist königlicher Abstammung, sein Vater besitzt bei Teneriffa Hammelherden. Manchmal schickt er mir ein paar abgezogene Hammel, die kommen als Hautgoutragout hier an. Oßmann, mein jüngerer Neger, sieht aus wie ein sinnender Gorilla im Pflanzenkübel. Böse Spezies, herrlich zu schauen, aber man muß ihn in Ruhe lassen; seit kurzem pfeif' ich auch nicht mehr, wenn er jemandem den Kopf abbeißen soll, er ist zu schade, zu wertvoll, um zu gehorchen, selbst mir. Meine beiden Indianerinnen sind emsige Mädchen, sie sind angestellt von mir, die Fäden meiner Logik zu suchen, die Logik meiner Unterhaltung zu finden. Manchmal suchen sie die ganze Nacht, ich fürchte, sie werden sich einmal in einem Augenblick an meinem Leitfaden aufhängen. Das muß man in Kauf nehmen, dunkle Leute sind schlechte Spürhunde, sie können nichts finden in der Nacht ihrer Haut. Halloh, was tät' ich, wenn mein Herz gesund wär? Ich glaube nicht, daß mein Herz aus Fleisch und Blut ist, rissig sind seine Wände; es hat weniger Augenblickswert als Ewigkeitswert, darum bin ich vollständig unbrauchbar für den Vorbeipassierenden, ich bin nur interessant für den Forscher. Immer klingelt es in den effektvollsten Stellen. »Hier 45,24 wer dort?« »Pharao & Fils, Theaterdirektion, sind Sie Else Lasker-Schüler?« »Leider.« »Frohlocken Sie nicht, verzweifeln Sie nicht, meine Dame, ich frage Sie an, ganz ergebenst, würden Sie ein Engagement am Wintergarten annehmen, monatlich mit einer Gage von 10 000 Mark? Das macht im Jahr rund 100 000 Mark.« »Sie spaßen wohl, Herr, es ist doch nicht üblich, am Varieté länger als einen Monat die Artisten zu beschäftigen.« »Aber uns liegt daran, meine Gnädigste, Sie an unser Varieté zu fesseln.« »Es handelt sich wohl um meine arabische Szene, Herr Dr. Pharao?« »Ganz recht! Da Sie hoch zu Kamel über Theben sitzen.« »Herr, ich kenne Sie, so einen ungeschminkten Baß gibt es nicht am Varieté.« Schluß! Mein Brief: Herzallerliebster in Adrianopel! Er fragte mich nämlich an, ob ich ihn noch liebe, bittet mich, ihn nicht zu belügen. Ich werde ihm doch keinen Stoff zur Lyrik geben (er ist Dichter), »ich *liebe* ihn also! Basta!« Könnte ich doch auch ein bißchen nach der Türkei, zumal meine Vorfahren alle in Sänften getragen wurden. Das Gehen wird mir darum schwer. Wo bei Euch die Sohlen schon erkaltet sind, sind sie bei mir noch Glut. Wenn mein Herz gesund wär, was tät' ich dann? Einen Augenblick, bitte! Ich würde mich pudelnackt ausziehen und mich in ein Süßwasser werfen, wo die sanften Fische leben, aber Schuppen kann ich nicht leiden. Oder ich ging nach dem Südpol und wärmte mich mal ganz tüchtig ein. Was soll ich *noch* machen? Ich blieb *gerade* am Wendekreis stehen, *zum Trotz*. Den Sternbildern würde ich Schnurrbärte malen. Ist es nicht himmelschade, daß mein Herz nicht gesund ist? Vom Mond kommen die Herzkrankheiten, namentlich die Neurosen. Alle Krankheiten kommen von oben. Hier unten ist es ganz nett. Darum stürzen auch so viele Aviatiker vom Himmel herab; das Fahrzeug platzt ja gar nicht, die Fallsucht kriegen sie alle, je höher sie die Bazillen der Gestirne einsaugen. Wie die Aviatiker aussehen? Wie die Vögel, ihre Nasen sind Schnäbel und die Köpfe strecken sie in die Höhe. Ein neues Menschengeschlecht. Ich hab' kein Geld, aber darum kann ich mich doch nicht von der Welt abschließen, zumal ich ganz allein umsonst in den Himmel gehen kann. Außerdem bot man mir die Regierung in Theben an; ich regiere sogar schon pro forma. Die Leute in Berlin sagen, ich habe eine fixe Idee. Das heißt, im Grunde eine Beschäftigung. Ich bin der Prinz von Theben. …

Albert Ostermaier:

faust aufs herz

hier hängt er drin
in meiner brust
der alte sack &
kann nicht raus
aus seiner leder
haut & weiss
nicht mehr für
wen er noch ge
schlagen wird
geschlagen
schon genug
mit all dem
sand der ihm
aus seinen
nähten platzt &
platz macht
für ein neues
herz das schlägt

Brüder Grimm:
Die drei Feldscherer

....

Drei Feldscherer reisten in der Welt, meinten ihre Kunst ausgelernt zu haben, und kamen in ein Wirtshaus, wo sie übernachten wollten. Der Wirt fragte wo sie her wären und hinaus wollten. Sie zögen auf ihre Kunst in der Welt herum. »Zeigt mir doch einmal, was ihr könnt« sagte der Wirt. Da sprach der erste er wollte seine Hand abschneiden und morgen früh wieder anheilen; der zweite sprach er wollte sein Herz ausreißen und morgen früh wieder anheilen; der dritte sprach er wollte seine Augen ausstechen und morgen früh wieder einheilen. Sie hatten aber eine Salbe, was sie damit bestrichen, das heilte zusammen, und das Fläschchen, wo sie drin war, trugen sie beständig bei sich. Da schnitten sie Hand, Herz und Auge vom Leibe, wie sie gesagt hatten, legtens zusammen auf einen Teller und gabens dem Wirt, der Wirt gabs einem Mädchen, das sollts in den Schrank stellen, und wohl aufheben. Das Mädchen aber hatte einen heimlichen Schatz, der war ein Soldat; wie nun der Wirt die drei Feldscherer und alle Leute im Haus schliefen, kam der Soldat, und wollte was zu essen haben. Da schloß das Mädchen den Schrank auf und holte ihm etwas, und über der großen Liebe vergaß es die Schranktüre zuzumachen, setzte sich zum Liebsten an Tisch, und sie sprachen mit einander. Wie es so vergnügt saß, und an kein Unglück dachte, kam die Katze hereingeschlichen, fand den Schrank offen, und nahm die Hand, das Herz und die Augen der drei Feldscherer, und lief damit hinaus. Als nun der Soldat gegessen hatte, und das Mädchen das Gerät aufheben und den Schrank zuschließen wollte, da sah es wohl daß der Teller, den ihr der Wirt aufzuheben gegeben hatte, ledig war. Da sagte es erschrocken zu seinem Schatz »ach, was will ich armes Mädchen anfangen! Die Hand ist fort, das Herz und die Augen sind auch fort, wie wird mirs morgen früh ergehen!« Da sprach er »sei still, ich will dir davon helfen, gib mir nur ein scharfes Messer; es hängt ein Dieb am Galgen, dem will ich die Hand abschneiden; welche Hand wars denn?« »Die rechte.« Da gab ihm das Mädchen ein scharfes Messer, und er ging hin, schnitt dem armen Sünder die rechte Hand ab, und brachte sie. Darauf packte er die Katze und stach ihr die Augen aus; nun fehlte nur noch das Herz. »Habt ihr nicht geschlachtet, und Schweinefleisch im Keller?« »Ja«, sagte das Mädchen. »Nun, das ist gut« sagte der Soldat, ging hinunter und holte ein Schweineherz und gabs dem Mädchen. Das tat alles wieder auf den Teller, und stellte es in den Schrank, und als ihr Liebster darauf Abschied genommen hatte, legte es sich ruhig ins Bett.

Morgens, als die Feldscherer aufstanden, sagten sie dem Mädchen, es sollte ihnen den Teller holen, darauf Hand, Herz und Augen lägen. Da brachte es ihn aus dem Schrank, und der erste hielt sich die Diebshand an, bestrich sie mit seiner Salbe, alsbald war sie ihm angewachsen. Der zweite nahm die Katzenaugen und heilte sie ein; der dritte machte das Schweineherz fest. Der Wirt aber stand dabei, bewunderte ihre Kunst, und sagte dergleichen hätte er noch nicht gesehen, er wollte sie bei jedermann rühmen und empfehlen. Darauf bezahlten sie ihre Zeche, und reisten weiter.

Wie sie so dahin gingen, so blieb der mit dem Schweineherzen gar nicht bei ihnen, sondern wo eine Ecke war, lief er hin und schnüffelte darin herum, wie Schweine tun. Die andern wollten ihn an dem Rockschlippen zurückhalten, aber das half nichts, er riß sich los, und lief hin, wo der dickste Unrat lag. Der zweite stellte sich auch wunderlich an, rieb die Augen, und sagte zu dem andern »Kamerad, was ist das? Das sind meine Augen nicht, ich sehe ja nichts, leit mich doch einer, daß ich nicht falle.« Da gingen sie mit Mühe fort bis zum Abend, wo sie zu einer andern

Herberge kamen. Sie traten zusammen in die Wirtsstube, da saß in einer Ecke ein reicher Herr vorm Tisch, und zählte Geld. Der mit der Diebshand ging um ihn herum, zuckt ein paarmal, endlich wie der Herr sich umwendete, griff er in den Haufen hinein, und nahm eine Hand voll Geld heraus. Der eine sahs und sprach »Kamerad, was machst du? stehlen darfst du nicht, schäm dich!« »Ei«, sagte er, »was kann ich dafür! Es zuckt mir in der Hand, ich muß zugreifen, ich mag wollen oder nicht.« Sie legten sich danach schlafen, und wie sie da liegen, ists so finster, daß man keine Hand vor den Augen sehen kann. Auf einmal erwachte der mit den Katzenaugen, weckte die andern, und sprach »Brüder, schaut einmal auf, seht ihr die weißen Mäuschen, die da herumlaufen?« Die zwei richteten sich auf, konnten aber nichts sehen. Da sprach er »es ist mit uns nicht richtig, wir haben das Unsrige nicht wieder gekriegt, wir müssen zurück zu dem Wirt, der hat uns betrogen.« Also machten sie sich am andern Morgen dahin auf, und sagten dem Wirt sie hätten ihr richtig Werk nicht wieder kriegt, der eine hätte eine Diebshand, der zweite Katzenaugen, und der dritte ein Schweineherz. Der Wirt sprach daran müßte das Mädchen Schuld sein, und wollte es rufen, aber wie das die drei hatten kommen sehen, war es zum Hinterpförtchen fortgelaufen, und kam nicht wieder. Da sprachen die drei, er sollte ihnen viel Geld geben, sonst ließen sie ihm den roten Hahn übers Haus fliegen; da gab er was er hatte, und nur aufbringen konnte, und die drei zogen damit fort. Es war für ihr Lebtag genug, sie hätten aber doch lieber ihr richtig Werk gehabt.

Ernst Jandl:

geschlechtsumwandlung

seien gekommen einen hund in den küchen und gestohlen haben
den kochen einen ei (sollen heißen: ein hoden)
und haben genommen denen kochen ein messern
und haben geschnitten sich ab den ei numero zwei (sollen
heißen: den hoden numero zwei)
und hingeschmissen haben auf den hunden und gebrüllen:
DA HABEN DU SAU!
und sich dann den messern gestoßen haben in brusten (sollen
heißen: in herzen)
und sich also umgewandelt haben in geschlechten, sollen
heißen:
herausgewandelt aus menschengeschlechten überhaupt.
das sein gegangen in ein trompeten, und sein so
herausgekommen ein lieden, den wird allen bekannt sein.

Christiaan Barnard: *Washkansky und Blaiberg – mein Leben ändert sich*

....

Der nackte Körper Louis Washkanskys lag auf der weißen Marmorplatte des Operationstisches. Sein letzter Herzschlag, in den frühen Morgenstunden, hatte aus dem allseits beliebten, sorgsam umhegten und gepflegten Patienten ein Stück medizinisches Anschauungsmaterial gemacht. Der erste Mensch, dem man das Herz aus einem menschlichen Leichnam eingepflanzt hatte, war tot.

Jetzt interessierte nur noch eines: Was konnte man aus seinem Tod lernen? Wo hatte ich einen Fehler gemacht? Was konnte ich bei der nächsten Operation besser machen?

Ich stand da, von tiefem Schmerz erfüllt. Große Traurigkeit überkam mich. Unmöglich, jetzt mit meinen Kollegen in der Leichenhalle zu sprechen – ich hatte Angst, daß ich zu weinen anfangen würde. Schon immer bin ich leicht zu rühren gewesen und lache oder weine schnell.

Die Ereignisse der letzten achtzehn Tage hatten mich meine letzte Kraft gekostet, und es gelang mir nur mit Mühe, meine Gefühle unter Kontrolle zu bringen. Der Erfolg war uns allen versagt geblieben. Versagen war immer mein Feind gewesen – ein Feind, den ich viele Male besiegt hatte. Aber jetzt war Louis Washkansky tot.

Was geschieht, wenn ein Mensch stirbt, wie verändert sich die Beziehung zwischen Arzt und Patient, Vater und Sohn, Mann und Frau? Als mein Vater und, später, meine Mutter starben, weigerte ich mich, sie nach ihrem Tod noch einmal zu sehen. Ich wußte, die Gegenwart des Todes würde das Bild, das ich von ihnen hatte, verändern, vielleicht sogar meine Liebe zu ihnen verdunkeln.

Die Angst vor dem Versagen – oder davor, wie die Leute sich über mein Versagen äußern würden – hat mir eigentlich nie besonders zu schaffen gemacht. Wichtig war einzig und allein das Bewußtsein, daß das, was ich getan hatte, richtig gewesen war.

Ich wußte, ich hatte alle mir zur Verfügung stehenden Mittel genutzt und mich in monate- und jahrelangen Experimenten im Labor so gut wie nur möglich auf die erste Transplantation vorbereitet. Aber früher oder später mußt du die Courage haben, vom Labor in den Operationssaal zu gehen.

Diesen Schritt hatte ich getan, als ich zum ersten Mal Patienten mit schweren Herzklappenfehlern eine künstliche Herzklappe einsetzte. Damit hatte ich eine neue chirurgische Methode zur vollständigen Korrektur der Transposition der großen Gefäße und der Ebstein-Anomalie eingeführt, bis dahin äußerst kräftezehrenden Leiden, die unausweichlich zum Tod führten.

Als ich das kranke Herz von Louis Washkansky herausgenommen und durch das Herz von Denise Darvall ersetzt hatte, war ich sicher gewesen, ausreichend darauf vorbereitet zu sein, und ich hatte wirklich geglaubt, es würde funktionieren.

Es schmerzte mich zutiefst, daß Louis gestorben war – er war ein tapferer, sehr liebenswerter Mensch gewesen, mit dem ich achtzehn Tage lang zusammen gelebt und gelitten und mich gefreut hatte. Daß ich letztendlich gescheitert war und daß dies meinen Glauben an mich selbst zutiefst erschütterte, machte den Schmerz noch bitterer. …

Mit meiner Hand griff ich in den Brustkorb, holte Blaibergs Herz heraus und legte es in die Schale, die Schwester Jordaan mir hinhielt.

Hatte ich auch seine Seele herausgeholt? …

Ich sah das Herz an. Es war schlaff und hatte eine krankhaft blaßblaue Farbe. Das menschliche Auge konnte keinen Hinweis darauf entdecken, daß es noch lebte, aber irgendwo, und das wußte ich, schlummerte ein Lebensfunken, der urplötzlich aktiv würde, sobald das warme, sauerstoffangereicherte Blut, das durch die Koronararterien strömte, ihn weckte.

Das wäre dann das Signal für das übrige Herz, zum Leben zu erwachen und mit dem Pumpen zu beginnen, um das Leben eines Mannes zu retten, den Clive Haupt nie in seinem Leben gesehen hatte.

Im Herrschaftssystem der Apartheid wurden die Haupts als »Nicht-Weiße« klassifiziert. Es war ihnen untersagt, auf Parkbänken zu sitzen, die mit einem Schild »Nur für Weiße« versehen waren, es war ihnen untersagt, die für Weiße reservierten Busse und Züge zu benutzen. Sie wurden aus den Häusern, in denen sie geboren worden waren und seit Generationen lebten, vertrieben, weil diese sich in der »Weißen« Zone befanden. Die meisten Restaurants, Hotels und die Strände an den herrlichen Küsten Südafrikas waren den Weißen vorbehalten.

Wenn Clive Haupt der Tochter des Mannes begegnet wäre, dessen Leben er retten würde, wäre es ihm nicht erlaubt gewesen, sich in sie zu verlieben, mit ihr zu schlafen oder sie zu heiraten.

Als ich jedoch seinen Vater gefragt hatte, ob er Philip Blaiberg das Herz seines Sohnes spenden würde, hatte er nicht gesagt: »Das Herz meines Sohnes ist nur für Nicht-Weiße.« Ohne zu zögern, hatte er eingewilligt, ohne Zorn und Haß auf die Weißen, die ihn so lange Zeit gedemütigt und entwürdigt hatten.

Ich fragte mich, ob dieses traurige blaue Herz, das da vor mir lag, genau diesen kleinen Funken Haß in sich trug.

Professor Vel Schrire und ich hatten die mögliche Reaktion der regierenden Nationalpartei diskutiert, falls wir ein »schwarzes« Herz in eine »weiße« Brust verpflanzten. Wir waren zu dem Schluß gekommen, daß sie, auch wenn einige entsetzt wären, in der Öffentlichkeit kein Sterbenswörtchen dagegen vorbringen würden, da das Herztransplantationsprogramm die einzige positive Nachricht war, die damals aus Südafrika in die Welt drang.

Als Juden, als Angehörigem einer Rasse, die jahrhundertelang verfolgt worden war, würde es Blaiberg bestimmt nichts ausmachen, da war ich mir sicher. Und als Arzt mußte er schon vor langer Zeit festgestellt haben, daß, unabhängig von Hautfarbe, Religion oder Rasse, alle Menschen unter ihrer Haut gleich sind.

Ich hatte sogar vor, der Presse später zu sagen: »Wir haben das Herz eines Farbigen genommen, es in die Brust eines weißen Juden verpflanzt und ihn mit einem Serum behandelt, das in Deutschland hergestellt wurde.« …

Aus den Vereinigten Staaten und Deutschland flogen Fernsehteams nach Kapstadt ein, um mich, Philip Blaiberg, der Welt in persona *zu präsentieren. In meinen Zimmern wurden sterilisierte Scheinwerfer installiert. Ich würde, so erklärte man mir, auf den Fernsehschirmen in Millionen Haushalten der Star sein – der »Mann der Stunde« und »Der Mann mit dem neuen Herzen«.*

Ich setzte mein strahlendstes Lächeln auf und tat mein Bestes, um ihre Fragen zu beantworten, ja, nur so zum Spaß sang ich sogar ein oder zwei Lieder! Mir wird immer noch ganz schwindlig bei dem Gedanken, daß man mich überall auf der Welt sehen und hören konnte.

Und dann durfte ich endlich aus dem sterilen Zimmer heraus in die anderen Räume meiner »Suite«. Das klingt nicht weiter aufregend, aber es war ein wichtiger Meilenstein und ein Beweis dafür, daß ich auf dem Weg war, wieder völlig gesund zu werden.

Jetzt konnte ich an dem versiegelten Fenster stehen und auf die Straße vor dem Krankenhaus schauen, den Passanten zuwinken und für Photos posieren. Ich habe wohl in tausend Videokameras und Teleobjektive geblinzelt und dabei Churchills Victory-Zeichen gemacht. Weltreisende, auf deren Route Kapstadt lag, machten bei ihren Besichtigungsfahrten einen Abstecher zum Groote Schuur, um mir zuzuwinken. Ich war jetzt anscheinend eine ebenso beliebte Touristenattraktion wie der Tafelberg.

Dann hatte Don Mackenzie, der Photograph, eine glänzende Idee. Eines Abends überredete er Professor Barnard, mitzuspielen und mit Mundschutz und seinem üblichen sterilen Anzug in mein Zimmer zu kommen, in der Hand eine durchsichtige Plastikschüssel – in der mein altes Herz in einer Konservierungslösung lag. Draußen, hinter dem Glaspaneel im Durchgang, drückte Don Mackenzie fröhlich ein um das andere Mal auf den Auslöser.

Professor Barnard und ich saßen auf meinem Bett und untersuchten sachlich-professionell mein Herz. Er zeigte mir, daß über 90 Prozent des Herzmuskels nur mehr aus funktionsuntüchtigem vernarbtem Gewebe bestanden. Wie ich es geschafft hatte, bis zur Transplantation am Leben zu bleiben, war ein Wunder.

Professor Barnard blickte von meinem Herzen auf und fragte mich: »Dr. Blaiberg, ist Ihnen eigentlich klar, daß Sie der erste Mensch in der Geschichte der Menschheit sind, der so dasitzt und sich sein eigenes, totes Herz ansieht?«

Elfriede Jelinek:
die operation

die operation tritt in ihre entscheidende dramatische fase. tuli klemmt vorsichtig die aorta ab und schneidet sie durch. löst das herz am linken dann am rechten vorhof ab achtet darauf dass von jedem vorhof ein ausreichend grosser stumpf stehenbleibt: einmündungen in die lungen und körperwenen die sich nachher leicht mit den entsprechenden anschlüssen des spenderherzens verbinden und vernähen lassen.
tuli leibschneidet kreuzweis ju hu wondermaid mit seinem schwanz an der spitze hat der ein noppeisen eingewachsen von natur aus. wondermaid öffnet sich & gibt ihren erfreulichen inhalt den spöttischen augen der zuschauermenge preis vor aller augen passiert die ungeheure enthüllung der unschuldigen lerchen fotzi! wondermaid raya ist hilflos & wehrlos den gierigen blicken einer schamlosen menge vorgeschwebt. sieh und da kommt es dem tuli schon. ein kolbenstrahl grösser als alles bisher dagewesene.
dann hebt er wondermaids herz heraus. legt es in eine schale neben sich. mit einem gefühl das zwischen beklemmung und zuversicht schwankt blickt dr. kurt kupferberg in die leere herz höhle des mädchens. ...
wondermaid schweigt eine ganze weile den kopf still an die schulter ihres mannes gelehnt. wie wohl ihr seine guten worte taten. wohl bis ins innerste herz.
(wondermaid schweigt eine ganze weile still das loch in ihrer mitte verdeckend das den beginn ihrer tötung darstellt.)
nein streng naturwissenschaftlich ist tuli kupferbergs jäher optimismus nicht zu erklären. nur das gefühl spricht in ihm während er mit dem vernähen der gefässteile beginnt dabei ständig zur narkoseärztin hinüberhört die in kurzen abständen daten murmelt. die undefinierbare heimliche intuition des leidenschaftlichen arztes sagt: es wird gut gehen! MARGOT wird leben! . . .

Futurologie

....

Andern altert das Herz zuerst und Andern der Geist.
Und Einige sind greis in der Jugend:
aber spät jung erhält lang jung.
Manchem mißrät das Leben: ein Giftwurm frißt sich
ihm ans Herz. So möge er zusehn,
daß ihm das Sterben um so mehr gerate.
(Friedrich Nietzsche)

....

Martin Grzimek:
Im Séparée

....

Stark betrat einen schmalen Vorraum, von dem aus einige Treppenstufen hinauf zu einem Perlenschnurvorhang führten, der sich leicht bewegte. Er sah sich noch einmal zu Friederike um, die ihm aufmunternd zunickte, dann ging er die Stufen hinauf, teilte mit den Händen den Vorhang und blickte in einen Raum, dessen ungewöhnliche Ausstattung ihn zögern ließ weiterzugehen, so daß Friederike ihm einen leichten Stoß in den Rücken geben mußte.

»Ja«, sagte sie, nach ihm den Raum betretend, »das ist eines von Deckers geheimen Séparées. Jeder, der hier zum ersten Mal ist, braucht eine Weile, bis er sich beruhigt hat.«

Der Raum, in dem sie sich befanden, war wie eine einzige Aufforderung zur Verführung. In weiches Dämmerlicht getaucht lagen da auf zwei längs der Seitenwände angebrachten Sofas Seidenkissen. In der Mitte stand ein kleiner Tisch mit einem Eiskübel, aus dem wie selbstverständlich der Hals einer Champagnerflasche ragte. An den Wänden über den Sofas hingen erotische Bilder in ausgesuchten, reich verzierten Rahmen. Am faszinierendsten aber war die Wand, die gegenüber dem Eingang lag. Sie bestand aus einem Fenster, durch das man in den Barraum und direkt auf die Bühne sehen konnte. Stark erinnerte sich jetzt, daß ihm bei seinem Eintritt in den Nachtclub die gegenüber der Bühne befindlichen Spiegel aufgefallen waren, und er fragte Friederike, froh, von seiner Befangenheit ablenken zu können, ob sie sich gerade hinter einer dieser Spiegelwände befänden.

»Ganz richtig«, sagte sie, »Decker nennt die Séparées, von denen noch zwei daneben liegen, seine Spiegel-Kabinette. Man sieht, ohne gesehen zu werden. Man hört, ohne gehört zu werden. – Ist das nicht teuflisch?« fragte sie Stark.

»Wir wollen erst einmal etwas trinken.« Stark war im Moment unfähig, sich noch weiter mit Friederike zu unterhalten. Er fühlte sich schwindlig und ließ sich auf einem der Sofas nieder. Friederike hatte bemerkt, daß es ihm nicht gut ging, kniete sich neben ihn und legte ihm ein paar Kissen zurecht.

»Zieh doch dein Jackett aus«, sagte sie zu Stark, der das ›Du‹ deutlich hörte und wie etwas Voreiliges empfand, aber keine Kraft hatte, sich dagegen zu wehren. Friederike half ihm, das Jackett auszuziehen. Dann öffnete sie die Champagnerflasche, goß die beiden bereitstehenden Schalen voll und reichte eine davon Stark. Er spürte, daß er genug getrunken hatte, fühlte sich müder und nachgiebiger werden, prostete aber Friederike zu, ehe er sich von ihr das Glas aus der Hand nehmen ließ, um sich wieder in die weichen Kissen zurückzulehnen.

»Keine Angst«, hörte er Friederikes Stimme, »es ist hier für alles gesorgt«, und sie zauberte von irgendwoher ein kleines Fläschchen, dessen Öffnung sie unter seine Nase hielt. Der frische, belebende Duft munterte ihn sofort auf. Er sah Friederike an. Das Licht schien ihm noch mehr vermindert. Wie auf einer Filmleinwand wanderten über das Fenster des Raumes Bilder, er konnte das Publikum des Clubs sehen, und auf der Bühne nahm er einen betörenden Tanz wahr. Im Séparée selbst lag eine leise Musik, ein Frauengesang. Friederike hatte sich neben Stark gelegt. In ihren Händen hielt sie die Champagnergläser.

»Willst du noch?« fragte sie Stark, der Durst verspürte, das Glas nahm, ihr zuprostete, das Glas in einem Zug leerte und es dann plötzlich, so daß Friederike zusammenfuhr, laut auflachend gegen die gegenüberliegende Wand warf und ausrief: »Wahrlich teuflisch, Decker!«

Friederike fiel in Starks hysterisch klingendes Lachen ein und benutzte die Gelegenheit, sich noch dichter an ihn heranzudrängen. Er legte seinen Arm um ihre Schulter, zog sie an sich heran und begann mit der freien Hand über ihren Busen zu streichen.

Vom Alkohol und von der Aufregung angestrengt, fühlte er sein Herz heftig und unter leichten Stichen schlagen. Und während er selbst still mit der Hand einen Weg über die Knopfleiste der Bluse suchte und dabei geschickt die Knöpfe aufmachte, hörte er Friederike in immer kürzeren Abständen seinen Vornamen hervorstoßen. Dabei strich sie ihm über den Rücken mit immer zudringlicheren Kreisbewegungen. Stark, der seine Augen halb geschlossen hielt und nur Friederikes Stöhnen hörte, war mit seiner Hand an ihrem Hosenbund angelangt und suchte den Verschluß. Als er ihn nicht gleich fand, wurde er ungeduldig, spürte plötzlich Friederikes lange Fingernägel auf seinem Handrücken, fühlte sie darüber hintasten, spürte unter seiner Hand einen Ruck und merkte, wie sich der gespannte Bund ihrer Hose lockerte. Leise mußte Stark vor sich hinlächeln und fingerte sogleich nach der Stelle, an der Friederike den Hosenbund geöffnet hatte, zog den Reißverschluß auf, ließ seine Hand unter den Stoff gleiten, suchte einen Weg zwischen die Beine, tastete dort entlang und fühlte plötzlich in seiner Hand ein schlaffes männliches Glied.

Stark erstarrte. Ein Zittern lief durch seinen Körper. Dann richtete er sich mit letzter Kraft auf, hörte gleichzeitig das unbändige Lachen Friederikes, er bäumte sich vor ihr auf, sah die ihn anblickende und auf beide Ellenbogen gestützt daliegende Frau, spürte plötzlich eine ihm die Brust zusammenziehende Atemnot, einen schneidenden Schmerz, als sich die Frau ein wenig vorbeugte, immer noch lachend einen Arm aus der Stützhaltung nahm und, kreischend fast, sich mit der freien Hand in die Haare griff, mit einem Ruck die Perücke vom Kopf zog, die Beine anwinkelte, geschickt wie eine Katze aufstand, plötzlich vor dem nach Luft ringenden Stark die Hose herunterriß, und Stark, der nicht wußte, wohin er blicken sollte, ob auf das männliche Geschlecht, ob auf das immer noch entstellte aber nun deutlich wiedererkennbare Gesicht Deckers – Stark ließ sich, nach hinten kippend, auf das Sofa fallen, schnappte nach Luft, starrte jetzt mit aufgerissenen, schon nichts mehr erkennenden Augen nach oben, preßte die Hände auf die Brust und an den Hals, zerrte an der Krawatte, die Herzstiche wurden immer schmerzhafter, Krämpfe in der Brust ließen ihn sich aufbäumen und wieder zusammenfahren, er fühlte nur noch Atemnot, unbeherrschte Angst und ein sich immer mehr zusammenziehendes, immer heftiger, wilder, einem ausbrechenden wütenden Tier vergleichbares um sich schlagendes Herz, er fühlte die Stiche und die ausgehende Atemluft, den luftleeren, zusammengeschrumpften Raum, und Stark spürte instinktiv: jetzt, jetzt gehe es mit ihm ein für allemal zu

ENDE

Christian Hofmann von Hofmannswaldau: *Vergänglichkeit der Schönheit*

Es wird der bleiche Tod mit seiner kalten Hand
Dir endlich mit der Zeit um deine Brüste streichen/
Der liebliche Korall der Lippen wird verbleichen;
Der Schultern warmer Schnee wird werden kalter Sand/
Der Augen süßer Blitz/ die Kräfte deiner Hand/
Für welchen solches fällt/ die werden zeitlich weichen/
Das Haar/ das itzund kann des Goldes Glanz erreichen/
Tilgt endlich Tag und Jahr als ein gemeines Band.
Der wohlgesetzte Fuß/ die lieblichen Gebärden/
Die werden teils zu Staub/ teils nichts und nichtig werden/
Denn opfert keiner mehr der Gottheit deiner Pracht.
Dies und noch mehr als dies muß endlich untergehen/
Dein Herze kann allein zu aller Zeit bestehen/
Dieweil es die Natur aus Diamant gemacht.

Else Lasker-Schüler:
Wo mag der Tod mein Herz lassen?

Immer tragen wir Herz vom Herzen uns zu.
Pochende Nacht
Hält unsere Schwellen vereint.

Wo mag der Tod mein Herz lassen?
In einem Brunnen, der fremd rauscht –

In einem Garten, der steinern steht –
Er wird es in einen reißenden Fluß werfen.

Mir bangt vor der Nacht,
Daran kein Stern hängt.

Denn unzählige Sterne meines Herzens
Vergolden deinen Blutspiegel.

Liebe ist aus unserer Liebe vielfältig erblüht.
Wo mag der Tod mein Herz lassen?

Gottfried Keller:
Das Herz in der Büchse

....

Ich rang nach Worten, um das Schweigen zu unterbrechen, und Dortchen, mit dem gleichen Bestreben schneller fertig, öffnete eben den Mund, als die Wirtschafterin des Pfarrhauses wieder eintrat und nicht mehr wegging, da sie sich berufen fühlen mochte, die junge Herrschaftsdame zu unterhalten. Es dauerte nicht lang, so kehrte auch der Kaplan von seinem Geschäft zurück, das er rascher erledigt als er gehofft hatte, und da sich nun ein haushälterisches Gespräch abzuspinnen begann, benutzte ich die Gelegenheit, grüßte und entfernte mich, um mein volles Herz hinauszuflüchten. Dortchen sah mir nach und rief mir zu, ich möge doch nicht zu spät im Schlosse erscheinen.

Nach einigem Herumstreifen gelangte ich an die Stelle, wo ich bei meiner Ankunft aus dem Walde herausgetreten war und die abendliche Regenlandschaft mit dem Gute und der alten Kirche erblickt hatte. Ich ging auf die Kirche zu und in dieselbe hinein, und da ein altes Mütterchen darin kniete und ihr Gebet murmelte, schlich ich hinter ihr weg in eine Art Krypta, welche den ältesten Teil des Gebäudes und einen halbdunklen Raum bildete, dessen romanische Fenster zur Hälfte vermauert waren. In diesem Raum waren im Laufe der Zeit eine Menge Gegenstände untergebracht worden, die ihn verengten.

Vorzüglich tat dies ein Grabmal von schwarzem Kalkstein, auf welchem ein langer Ritter ausgestreckt lag, die Hände auf der Brust gefaltet. An seiner Seite, auf dem Rande des Sarkophages, stand eine fest verschlossene und verlötete Büchse von Bronze in Form einer kleinen Urne, zierlich gegossen und ziseliert und mit einer schlanken Kette vom nämlichen Metall an dem Brustharnisch des steinernen Ritters befestigt. Nach der Überlieferung enthielt die Büchse das einbalsamierte und vertrocknete Herz des Beigesetzten, und das Gefäß wie die Kette war gänzlich oxydiert und schillerte grünlich im Zwielicht der Krypta. Das Grabmal aber gehörte einem burgundischen Ritter an, der gegen Ende des fünfzehnten Jahrhunderts, von wilder und unsteter, aber ehrlicher Natur, von allerhand Unstern und Frauenmißhandlung verfolgt, durch die Länder geirrt war und bei den Vorfahren des Grafen hier seine letzte Zuflucht gefunden hatte, wo das Herz dann endlich an einem letzten Verrate gebrochen sein sollte.

Das Grabmal hatte er sich selbst gestiftet und den einsamen Platz dazu ausgebeten; die Gruft des gräflichen Geschlechtes war schon damals in die größere Kirche verlegt worden. An das Herz in der Büchse knüpften sich verschiedene Sagen, die vom Volke erzählt wurden, wie zum Beispiele der »verliebt Burgauer« verordnet habe, sein Herz solle so lang auf seinem Grab angebunden bleiben, bis lebendig oder tot eine gewisse Dame komme und es in das Vaterland heimhole, und geschehe es nicht, so sollte sie so wenig die ewige Ruhe finden als er sie zu finden hoffe; ein jedes andere Weibsstück aber, so die Büchse mit dem Herzen in die Hand zu nehmen sich erdreiste, soll gehalten sein, dieselbe dreimal zu küssen und drei Vaterunser zu beten, sonst werde der verliebt Burgauer ihr die Hand lahm machen oder ein Knie brechen und dergleichen. Solche Überlieferungen mochten auch bewirkt haben, daß die Kapsel samt der Kette sich so lange Zeit an Ort und Stelle erhalten hatte.

Dem romantischen Denkmal gegenüber saß ich in einem dunklen Winkel zwischen ausgedienten Tabernakeln und Prozessionsgerätschaften und überließ mich den Gedanken über die bevorstehende Trennung, die um so trauriger waren als ich in dieser letzten Stunde mir sagen mußte, bei aller Abenteuerlichkeit des Erlebten werde das Glück schwerlich so weit gehen, mir auch noch mit einer Eroberung so glänzender Art aufzuwarten, wie sie mir im Sinne lag. Zu dieser planen Einsicht drängte mich die Not des entscheidenden Augenblickes, und hierzu gesellte sich die Beschämung über die kindische Art, in die ich verfallen, sofort nach dem Glänzenden zu greifen. Mit solchen Gefühlen ringend, suchte sich dann die versöhnte Neigung, die nichts für sich hoffend nur dem Geliebten zugetan sein will, emporzuarbeiten, soweit sie nicht auch wieder eine verkleidete Begehrlichkeit war; kurz, ich brachte dergestalt die Zeit in der Dämmerung der Krypta zu, bis ich von der äußeren Kirche her ein Getrippel leichter Schritte und zugleich weibliche Stimmen vernahm. Aufhorchend erkannte ich sie als Dorotheas und Röschens Stimmen. Die Mädchen schienen diesmal nicht zu lachen, sondern angelegentlich etwas zu beraten. Doch bald dauerte ihnen der Ernst zu lang; denn sie kamen über die paar Stufen herunter in die Krypta gehuscht und Dorothea rief: »Komm, Röschen, wir wollen wieder einmal den verliebten Ritter besehen!«

Sie stellten sich vor das Grabmal und schauten dem steinernen Manne neugierig in das dunkle ehrliche Gesicht.

»O Gott! ich fürchte mich«, flüsterte Röschen und wollte entfliehen. Dortchen aber hielt jene fest und sagte laut:

»Warum denn, Närrchen? Der tut niemand was zuleid! Sieh, wie es ein guter Kerl ist.«

Sie nahm das erzene Gefäß in die Hand und wog es bedächtig in derselben; aber plötzlich schüttelte sie es, so stark sie konnte, auf und nieder, daß das eingetrocknete Etwas, das seit vierhundert Jahren darin verschlossen lag, deutlich zu hören war und die Kette dazu klang. Dortchen atmete heftig; da ein Strahl des Tages auf ihr Gesicht fiel, sah ich, wie dasselbe die Farbe wechselte und von einer rosigen Röte in Marmorblässe überging.

»Höre die Klappernuß, wie sie raschelt!« rief sie, »da, klappre auch damit!«

Sie drückte dem zitternden Röschen das Gefäß in die Hände; aber es tat einen Schrei und ließ das Herz fallen, und Dortchen fing es mit aller Gewandtheit auf und ließ es abermals klappern.

Ich, von dessen Gegenwart sie keine Ahnung hatten, schaute ganz erstaunt dem Spiele zu.

›Wart, du Teufel!‹ dachte ich, ›dich will ich schön erschrecken!‹

Schnell trocknete ich die nassen Augen, stieß einen hohlen Seufzer aus und sprach mit einer traurigen Stimme, die ich gar nicht sehr zu verstellen brauchte, in älterm Französisch: »Dame, s'il vou plaist, laissez cestuy cueur en repos!«

Mit einem Doppelschrei flohen die Mädchen aus der Krypta und der Kirche wie besessen, Dortchen voraus, welche mit einem schwungvollen Satz über die Stufen und die Schwelle der Kirchentüre hinaussprang, schneebleich, aber immer noch lachend, ihr Kleid zusammennahm und über den Kirchhof wegeilte, bis sie zu ihrer Ruhebank kam und sich auf dieselbe warf, was ich alles durch eines der Fenster beobachten konnte, das ich rasch erklettert hatte.

Dortchen, deren Gesicht fast die Farbe ihrer weißen Zähne hatte, lehnte sich zurück, die Hände um das Knie geschlungen, und Röschen rief:

»Du großer Gott, es hat gespukt!«

»Jawohl, es spukt, es spukt!« sagte Dortchen und lachte wie eine Tolle.

»Du Gottlose! Fürchtest du dich denn gar nicht! Klopft dein Herz nicht schrecklicher als das tote Herz dort geklappert hat?«

»Mein Herz?« antwortete Dortchen, »ich sage dir, es ist guter Dinge!«

»Was hat es denn gerufen?« fragte Röschen, die immerfort beide Hände an ihr eignes Herz hielt und abwechselnd prüfte, ob sie noch beweglich seien; »was hat das französische Gespenst gesagt?«

»›Fräulein‹, hat es gesagt, ›wenn es Euch gefällt, so nehmt dies

Herz und macht es zu Euerem Nadelkissen!‹ Geh wieder hin und sag, wir wollten uns bedenken! Geh, geh, geh!«

Sie sprang auf, als ob sie die hübsche Dienerin wirklich nach der Kirche zurückschieben wollte, umhalste sie aber unversehens und drückte ihr heftige Küsse auf die Wangen. Dann verschwanden beide unter den Bäumen.

Marie Luise Kaschnitz: *Futurologie*

....

Weiterlebend mein Herz in einem anderen Körper wird was empfinden, meine rechte Hand, angesetzt einem fremden Gelenk, wird wen liebkosen, nach welcher Waffe greifen, meine verpflanzten Augen, was stürzt auf euch ein. Bunttafel im alten Schmeil, blutige Muskelstränge, aufgeschnittener Kehlkopf, die Haut mit Klammern zur Seite gehalten, in der Bauchhöhle freigelegt das bläulich-weiße Gedärm. Mein zierliches Nervengeflecht, alles noch schön beisammen, aber wie bald zerstreut und was wird sein bei der Auferstehung des Fleisches, wie findet sich das zueinander, Augen, Hand, Herz? Im Fluge? Ja, im Fluge.

Nachwort
Von (meinen) Herzen

»Hab Sonne im Herzen!«
(Poesiealbum)

»Den Frühling auf den Wangen,
den Winter im Herzen«
(Georg Büchner: Leonce und Lena)

»Muskuläres Hohlorgan mit der Aufgabe, durch wechselnde Kontraktion (Systole) und Erschlaffung (Diastole) von Vorhöfen und Kammern den Blutstrom in den Gefäßen in Bewegung zu halten«
(Pschyrembel: Klinisches Wörterbuch)

Als der Chirurg Christiaan Barnard das ›alte‹ Herz seines zweiten Transplantationspatienten in den Händen hielt, kam ihm unwillkürlich dessen »Seele« in den Sinn. Im Zeitalter der High-Tech-Medizin eigentlich eine frappierende Assoziation – belegt sie doch, daß selbst die Ingenieure des Körpers in Herzensangelegenheiten nicht ohne Gefühl und Gemüt, nicht ohne Sentiment und Sentimentalität auskommen. Ganz offensichtlich haben aufwendige Introspektionstechniken und raffinierte Reparaturmöglichkeiten der menschlichen Zentralpumpe, die im jährlichen Durchschnitt immerhin gut 42 Millionen mal schlägt, ihrem jahrtausendealten und kulturübergreifenden Symbolwert nichts anhaben können.

Die vielen Dimensionen des Herz-Kosmos quer durch die Zeiten und Nationalkulturen abzubilden sowie wechselseitig zu spiegeln, käme freilich einer Herkulestat gleich. Allein schon das olympische Revier der literarischen und bildkünstlerischen Hochkultur bleibt – für Normalsterbliche jedenfalls – ein zu

»weites Feld« (Theodor Fontane). Und dabei blühen die Herz-Metaphern bzw. Herz-Mythen im Volks- und Aberglauben, in der Alltagskultur erst richtig auf. In der ›Galerie der ge- und verschenkten Herzen‹ würden sich zwischen kalorienträchtigen Lebkuchen- oder Pralinenherzen etwa das »❤ für Kinder«, das »I❤ Kiel«, die Hommage an die »Weltstadt mit ❤« u.v.a.m. drängeln.

Vorstellbar wäre im übrigen auch eine thematisch einschlägige musikalische Collage aus Kinder- und Volksliedern, aus Schlagern, Pop- und Rockmusik, aus Operette, Oper und Kirchenmusik. Hier dürften schließlich nicht nur zahlreiche Vertreter der U-Musik mitsummen und mitschwelgen oder Herz auf Schmerz reimen, sondern auch so manche Erste und Zweite Geige der E-Musik: etwa Georg Friedrich Händel (z.B. mit der Kantate »Mi palpita il cor« / »Mir klopft das Herz«), Vater und Sohn Strauß mit den *Herz-Töne-Walzern* und natürlich Hans Pfitzner mit seiner Oper *Das Herz*.

Die emotional-sentimentale Tiefenstruktur des Herzens ist offenbar unerschöpflich: »Das Herz ist der Schlüssel der Welt und des Lebens« (Novalis). Trotz des inflationären Charakters funktioniert der stimulierende Effekt des Symbols nach wie vor; Hochzeiten, Valentins-, Geburts- und allen voran Muttertage sind ohne das »Metapherngestöber« (Paul Celan) ums Herz schlechterdings undenkbar. Ob Dekoration, Ornament oder Präsent, ob Design- oder Werbekunst: Wenn es das rote Herz nicht gäbe, müßte es umgehend erfunden, urheberrechtlich geschützt und als zweifelsohne krisensichere Herz-Aktie vermarktet werden.

Was Augen und Ohren recht ist, ist der Sprache im übrigen nur billig. Die Redseligkeit des Herzens blieb selbst dem Evangelisten nicht verborgen: »Wes das Hertz vol ist / des gehet der Mund vber« (Matthäus 12,34 in der Übersetzung von Martin Luther). Experten beobachten neuerdings sogar eine Hausse der

Herzwörter, die Renaissance einer »Neuen Herzlichkeit« (Dieter E. Zimmer). Ist dies der Ausdruck eines allgemeinmenschlichen Bedürfnisses nach (noch) mehr Herz im Alltag? Oder muß man die Tendenz – nach dem scharfsinnigen Diktum von Karl Kraus: »Wes das Herz leer ist, des gehet der Mund über« – schlechterdings als Krisenzeichen deuten? Muß deshalb das Herz als »Joker der deutschen Sprache, der deutschen Dichtung«, zum »Allerweltswort« (Marcel Reich-Ranicki) degradiert werden? Schließlich unterscheidet das Deutsche bisweilen feinsinnig zwischen Bildlichkeit und Biologie, zwischen dem Herz der »Kordiologie« und jenem der Kardiologie: Wer herzenskrank ist, muß nämlich nicht zwangsläufig herzkrank sein (Frank Nager).

Allen gelehrten Unkenrufen zum Trotz besteht an klassisch-traditionellen ebenso wie an neuartig-innovativen Deutungen, an Konstruktionen und an Dekonstruktionen des scheinbar sinnentleerten Mythos wahrlich kein Mangel. Das Herz hat – auch im Zeitalter seiner naturwissenschaftlichen Nacktheit – seine geheimnisvolle Aura keineswegs verloren.

Wie aber bedichtet man das menschliche »Pumpwerk« (Eugen Roth), wenn die »Metapher vom Herzen als dem Sitz der Liebe« nach Meinung der Experten »zum abgesunkenen Gut unserer Literatur« gehört (Horst Rüdiger)? Was überhaupt bleibt den gewöhnlichen Zeitgenossen ebenso wie den auserwählten Dichtern – nach der ernüchternden Erkenntnis, daß die Seele, das Wesen, die Identität eines Menschen nicht an das Herz gekoppelt sind?

Die Antworten sprengen den Rahmen des Überschaubaren. Weil das Terrain so uferlos erscheint, bedurfte es einer rigorosen Auswahl: Im Zentrum dieser Anthologie steht die Spannung zwischen dem bloßen Muskel einerseits und seiner kulturellen Vielschichtigkeit andererseits. Die Sammlung konzentriert sich auf den Gegensatz von medizinisch begründeter Sachlichkeit und historisch tief verwurzeltem Mythos, von »res facta« und »res ficta«, von Tradition und Innovation. Vor allem ist sie auf das 20. Jahrhundert zugeschnitten, weil hier die klinische Entzauberung des Herzens in Windeseile vonstatten ging. Gleichwohl öffnen sich mehrfach kleine Fenster in frühere Zeiten, denn ohne ihre historischen Wurzeln verkommen auch die Herz-Mythen unserer Tage über kurz oder lang zum dürren Gewächs. Das Übergewicht der deutschsprachigen Texte erklärt sich nicht zuletzt aus einem denkwürdigen Umstand: Im internationalen Vergleich erweist sich das Herz im buchstäblichen wie im übertragenen Sinn als der ›wunde Punkt‹ der Deutschen, und zwar weniger aus somatischen denn aus kulturgeschichtlich-mentalen Gründen (vgl. Lynn Payer). Allein schon ein zureichender Grund, sich auf die Suche nach (nationaltypischen) Transferlinien zwischen »Hirnberg« und »Herz-Du« (Paul Celan) zu begeben.

Angesichts der schier überbordenden Sinn-Fracht des Herzens handelt es sich bei der verbliebenen Kollektion zweifellos nur um ein lückenhaftes Mosaik der herzrelevanten Wort-Kultur der europäischen Neuzeit. Bisweilen war das vielfältige Material erst durch das Zurechtstutzen auf einen markanten Textausschnitt zu bewältigen, und natürlich ist dabei manch ein Tropfen Herzblut geflossen. Schließlich galt es, die verbliebenen Texte so zu ordnen, daß jeder einzelne möglichst vorteilhaft zur Geltung kommt, daß im Idealfall aus der Kombination mit anderen Darstellungen zusätzliche Sinnschichten angedeutet werden. Die Anthologie versteht sich keineswegs als umfassendes kulturgeschichtliches Raritäten- und Kuriositätenkabinett, sondern als Einladung zu einem Spaziergang durch das Labyrinth vorzugsweise der modernen Herzbedeutungen und -umdeutungen. Die lesenden Flaneure mögen nach Herzenslust und -laune den Markierungen folgen oder sich mutig in die Büsche schlagen, weniger reizvoll erscheinende Passagen durch

Abkürzungen überspringen bzw. ihre Sonderwege suchen. Wer vergeblich nach seiner liebsten oder wichtigsten, phantasievollsten oder originellsten … Herzenspoesie bzw. Herzensprosa Ausschau hält bzw. selbige beschnitten oder gar in verdächtiger Gesellschaft vorfindet, sollte sich dies in erster Linie mit dem Zwang zur Grenzziehung erklären: Am »stone-hard heart« (William Shakespeare) oder an schierer Herzlosigkeit der Sammlerin hat es gewiß nicht gelegen.

Im Gegenteil: Eine spezielle Art der Herzensfülle gab die Initialzündung zu dieser Anthologie. Als Karl Valentin den Kinderschuhen entwachsen war, kauften ihm seine Eltern – angeblich – größere. Als das Erstherz der Herausgeberin völlig überraschend seinen Dienst quittierte, war die Situation ungleich komplizierter. Anstelle der Schuhgröße und des elterlichen Portemonnaies waren die Größe des Herzmuskels und die Blutgruppe gefragt, ferner ein kompetentes Ärzteteam und eine passende Organspende. Es bedurfte allen voran der Angehörigen eines hirntoten Menschen, die trotz des eigenen »Herzenswinters« bewundernswert mitmenschlich handelten: »das Herz lebte«, »war tot«, »lebte« (Thomas Mann: *Tonio Kröger*).

Entstanden ist dieses Herz-Buch im ersten Jahr nach meiner Transplantation. Zunächst nur im Kopf, und zwar als Replik auf die stereotypen Fragen: »Weiß man eigentlich, von wem das Herz stammt? Welcher Mensch – Alter, Geschlecht, Charakter – der Spender war? Woran er oder sie gestorben ist? Spürt man, daß das Herz ursprünglich in einem anderen Körper gelebt hat?« Die Antwort lautet in allen Fällen: »Nein!« und wird von der so Befragten zuweilen mit einem, Goethes *Werther* entliehenen, Stoßseufzer begleitet: »Bester Freund, was ist das Herz des Menschen!« Gemeint ist damit nämlich selten die – für mich lebenswichtige – physiologische und immunologische Seite der Organtransplantation. Eher schon ein vages Unbehagen: Wie kann man mit einem fremden Organ (unbekannter Herkunft, unbekannter Identität) leben? Noch dazu, wenn dieser Fremdkörper ausgerechnet das Herz ist?

Gestalt angenommen hat das Projekt erst mit vielfacher Schützenhilfe: Aufrichtiger Dank gebührt insbesondere Antje Kunstmann und Susanne Eversmann sowie allen meinen Herzensfreunden und -freundinnen, die zuerst mitgebangt und auf eine erfolgreiche Operation gehofft, dann – unter anderem – auch noch am Herzbuch mitgesponnen, mitgesucht und mitgefunden haben.

Ein herzliches Dankeschön gilt den Medizinern und dem Pflegepersonal: namentlich im Städtischen Krankenhaus München-Harlaching, wo man mein gebrochenes Alt-Herz notdürftig zum Durchhalten bewegen konnte; schließlich an der Herz- und Gefäßchirurgie der Christian-Albrechts-Universität zu Kiel, wo man im Frühjahr 1995 meinen ramponierten Hohlmuskel austauschte – auf seine Weise auch das ein Fall, wo sich »Herz zum Herzen findet« (Friedrich Schiller).

Gewidmet ist dieses Buch jedoch Unbekannten. Zum einen den Empfängern meiner ausrangierten Herzklappen, für die sich frappierenderweise noch lebensrettende Verwendung fand. Zum anderen meinem Herzspender und seinen Angehörigen; ihnen gilt mein lebenslanger Dank: »Denn es muß von Herzen gehen, / Was auf Herzen wirken soll.« (Johann Wolfgang von Goethe, *Faust II)*

München/Kiel Heide Hollmer

Quellennachweis

Anonym: Beschlossen in meinem Herzen, aus: Des Minnesangs Frühling, Bd. 1. S. Hirzel Verlag, Stuttgart 1977.

Anonym: Richard Löwenherz, aus: Karl Brunner: Der mittelenglische Versroman über Richard Löwenherz. Wilhelm Braunmüller, Wien/Leipzig 1913.

H.C.Artmann: den hintern…, aus h. c. a.: Das poetische Werk, Bd.2: Reime, Verse, Formeln. © Verlag Klaus G. Renner, München/Salzburg 1994.

Rose Ausländer: Allee, aus: R. A.: Ich höre das Herz des Oleanders. Gedichte 1977-1979. © S. Fischer Verlag GmbH, Frankfurt am Main 1984.

Ingeborg Bachmann: Fall ab, Herz, aus: I. B: Werke, Bd.1. © R. Piper Verlag, München 1978.

Ernst Bargheer: Der Zauber mit dem Herzen, aus: E. B.: Eingeweide. Lebens- und Seelenkräfte des Leibesinneren im deutschen Glauben und Brauch. Walter de Gruyter, Berlin und Leipzig 1931.

Christiaan Barnard: Washkansky und Blaiberg – mein Leben ändert sich, aus: C. B.: Das zweite Leben, übers. v. Inge Leipold. © R. Piper, München 1994.

Johannes R. Becher: Das lachende Herz, aus J. R. B.: Gesammelte Werke in 18 Bänden, Gedichte 1949-1958. © Aufbau-Verlag, Berlin und Weimar 1973.

Walter Benjamin: Vaterherz, kalt garniert, aus: W. B.: Gesammelte Schriften, Bd.IV.1. © Suhrkamp Verlag, Frankfurt am Main 1972.

Bertolt Brecht: Surabaya-Johnny, aus: B. B.: Gesammelte Werke, Bd.13. © Suhrkamp Verlag, Frankfurt am Main 1967.

Barbara Cartland: Das Herz einer Frau, aus: B. C.: Das Herz einer Frau. Übers. v. Angelika Hanke. © 1979 by Barbara Cartland. Veröffentlicht mit Genehmigung der Paul und Peter Fritz AG in Zürich. © der Übersetzung: Wilhelm Goldmann Verlag GmbH, München 1984.

Paul Celan: Wer sein Herz aus der Brust reißt…, aus: P. C.: Gedichte in zwei Bänden, Bd.1. © Deutsche Verlags-Anstalt, Stuttgart 1952.

Matthias Claudius: Eine Abhandlung vom menschlichen Herzen, aus: M. C.: Sämtliche Werke. Winkler Verlag, München 1968.

Dante Alighieri: Vide cor tuum, aus: D. A.: Vita Nova – Das Neue Leben. Übers. von A. Coseriu. Deutscher Taschenbuch Verlag, München 1988.

Anne Duden: Fassungskraft mit Herzweh, aus: A. D.: Wimpertier. © Verlag Kiepenheuer & Witsch, Köln 1995.

Hans Magnus Enzensberger: Innenleben, aus: H. M. E.: Gedichte 1955-1950. © Suhrkamp Verlag, Frankfurt am Main 1971.

Erich Fried, Der Weg zu dir; Als ich mich nach dir verzehrte, aus: E. F.: Liebesgedichte. © Verlag Klaus Wagenbach, Berlin 1979.

Robert Gernhardt: Mein sei mein ganzes Herz; Ebbe und Flut, aus: R. G.: Wörtersee. Haffmans Verlag, Zürich 1989. © Robert Gernhardt.

Johann Wolfgang von Goethe: Willkommen und Abschied; ...und bin elend, aus: Goethes Werke, Bd.1.: Gedichte und Epen I, bzw. Bd.6.: Romane und Novellen I. C. H. Beck' sche Verlagsbuchhandlung, München 1981.

Jeremias Gotthelf: Das Herz der Menschen..., aus: J. G:. Sämtliche Werke in 24 Bänden, Bd.10: Käthi die Großmutter. Eugen Rentsch Verlag, Erlenbach-Zürich 1916.

Brüder Grimm: Agilulf und Theudelind, aus: Deutsche Sagen. Deutscher Klassiker Verlag, Frankfurt am Main 1994.

– Die drei Feldscherer, aus: Kinder- und Hausmärchen. Deutscher Klassiker Verlag, Frankfurt am Main 1985.

Martin Grzimek: Im Séparée, aus: M. G.: Stillstand des Herzens. Drei Erzählungen. © Carl Hanser Verlag, München und Wien 1982.

Peter Härtling: Inwendiges Lachen, aus: P. H.: Herzwand. Verlag Kiepenheuer & Witsch, Köln 1995.

Ulla Hahn: Verschreibungspflichtig, aus: U. H.: Spielende. Gedichte. © Deutsche Verlags-Anstalt, Stuttgart 1983.

Heinrich Heine: Ade Paris; Kalte Herzen, aus: H. H.: Sämtliche Schriften, Bd.4. Carl Hanser Verlag, München 1971.

Georg Heym: In deinem Herzen ist der Berg der Qual..., aus: G. H.: Dichtungen und Schriften, Bd.1: Lyrik. Verlag Heinrich Ellermann, München 1964.

Christian Hofmann von Hofmannswaldau: Vergänglichkeit der Schönheit., aus: Die deutsche Literatur. Texte und Zeugnisse., Bd.1.: Das Zeitalter des Barock. C. H. Beck'sche Verlagsbuchhandlung, München 1963.

Bohumil Hrabal: Liebe Dubenka, aus: B. H.: Die kurze Hose des Herrn Präsidenten. Was in Prag geschieht. Übers. v. Susanna Roth. © Die Presse vom 10./11. Februar 1990.

Ernst Jandl: geschlechtsumwandlung, aus: E. J.: Gesammelte Werke, Bd.2. © Luchterhand Literaturverlag, München 1985.

Elfriede Jelinek: die operation, aus: E. J.: wir sind lockvögel baby! © Rowohlt Verlag GmbH, Reinbek 1972.

Erich Kästner: Das Herz im Spiegel, aus: E. K.: Gesammelte Schriften. Atrium Verlag, Zürich 1959. © Kästner Erben, München.

Marie Luise Kaschnitz: Futurologie, aus: M. L. K.: Gesammelte Werke, Bd.3. © Insel Verlag, Frankfurt am Main 1982.

Gottfried Keller: Das Herz in der Büchse, aus: G. K.: Sämtliche Werke und ausgewählte Briefe, Bd.1. Carl Hanser Verlag, München 1956.

Sarah Kirsch: Zeitfresserin, aus: S. K.: Schwingrasen. Prosa. © Deutsche Verlags-Anstalt, Stuttgart 1991.

Heinrich von Kleist: Mein Jettchen, mein Herzchen, aus: H.v.K.: Sämtliche Werke und Briefe, Bd.1. Carl Hanser Verlag, München 1970.

Friedrich Gottlieb Klopstock: Vaterlandslied, aus: Göttinger Musenalmanach auf das Jahr 1774.

Konrad von Würzburg: Das Herzmäre, aus: Deutsche Erzählungen des Mittelalters. Übertragen von Ulrich Petzel. C.H. Beck'sche Verlagsbuchhandlung, München 1971.

Else Lasker-Schüler: Das Herz der Pflanzen; Wenn mein Herz gesund wär; Wo mag der Tod mein Herz lassen?, aus: E. L.-S.: Gesammelte Werke in drei Bänden. © Suhrkamp Verlag, Frankfurt am Main 1996.

Moritz Lazarus: Herz und Kopf, aus: M. L.: Ideale Fragen in Reden und Vorträgen. A. Hofmann & Comp., Berlin 1879.

Jakob Michael Reinhold Lenz: An das Herz, aus: J. M. R. L.: Werke und Briefe in drei Bänden, Bd3. Carl Hanser Verlag, München und Wien 1987.

Doris Lessing: Wie ich endlich mein Herz verlor, aus: D. L.: Erzählungen Bd.2.: Die Frau auf dem Dach. Übers. v. Adelheid Dormagen. © 1978 Doris Lessing. Klett-Cotta, Stuttgart 1982.

Hugo Loetscher: Im Herz und in der Mitte, aus: H. L.: Der Waschküchenschlüssel und andere Helvetica. © Diogenes Verlag AG, Zürich 1983.

Thomas Mann: Mein Gott, ich sehe!, aus: T. M.: Der Zauberberg. © S. Fischer Verlag, Berlin 1924.

Heiner Müller: Herzkranzgefäß, aus: Zeitschrift der Deutschen Herzstiftung. 14. Jahrgang. Heft 25, April 1994.

– Herzstück, aus: H. M.: Texte 7: Herzstück. © Rotbuch Verlag, Berlin 1987.

Friedrich Nasse: Physiognomik des Herzens, aus: Zeitschrift für psychische Aerzte, Bd.10. Carl Cnobloch, Leipzig 1818.

Anaïs Nin: Das Herz mit den vier Kammern, aus: A. N.: Djuna oder Das Herz mit den vier Kammern. Übers. v. Manfred Ohl und Hans Sartorius. © Nymphenburger Verlagshandlung in der F.A. Herbig Verlagsbuchhandlung GmbH, München 1983.

Albert Ostermaier: schneewittchen; faust aufs herz, aus: A. O.: Herz Vers Sagen. © Suhrkamp Verlag, Frankfurt am Main 1995.

Connie Palmen: Herz und Verstand gehören zusammen, aus: C. P.: Die Freundschaft. Übers. v. Hanni Ehlers. © Diogenes Verlag AG, Zürich 1996.

Lynn Payer: Das Herz – der wunde Punkt der Deutschen, aus: L. P.: Andere Länder, andere Leiden. Übers. v. Bettina Abarbanell. © Campus Verlag, Frankfurt am Main und New York 1989.

Edgar Allan Poe: Das verräterische Herz, aus: E. A. P.: Werke, Bd.2. Übers. v. Arno Schmidt u. Hans Wollschläger. © Walter Verlag, Olten und Freiburg im Breisgau 1967.

Friedrich-Karl Praetorius: Liebe Carmen!, aus: F.-K. P.: Liebe Carmen. © Suhrkamp Verlag, Frankfurt am Main 1993.

Eugen Roth: Herzverpflanzung, aus: E. R.: Sämtliche Werke, Bd.2. Carl Hanser Verlag, München und Wien 1977. © Thomas und Stefan Roth, München.

Arthur Schopenhauer: Im Herzen steckt der Mensch, nicht im Kopf, aus: A. S.: Werke in fünf Bänden, Bd.2: Die Welt als Wille und Vorstellung. Haffmans Verlag, Zürich 1988.

Helga Schubert: Das gesprungene Herz, aus: H. S.: Das gesprungene Herz. Leben im Gegensatz. © Deutscher Taschenbuchverlag, München 1995.

Susanna Tamaro: Plädoyer für das Herz, aus: S. T.: Geh, wohin dein Herz dich trägt. Übers. v. Maja Pflug. © Diogenes Verlag AG, Zürich 1995.

Kurt Tucholsky: Herz mit einem Sprung, aus: K. T.: Gesammelte Werke, Bd.9. © Rowohlt Verlag GmbH, Reinbek 1960.

Robert Walser: Angst, aus: R. W.: Das Gesamtwerk, Bd.7. © Suhrkamp Verlag, Zürich und Frankfurt am Main 1978, mit Genehmigung der Carl Seelig-Stiftung, Zürich.

Ernst Weiß: Die Herznaht, aus: E. W.: Gesammelte Werke, Bd.15. © Suhrkamp Verlag, Frankfurt am Main 1982.

Oscar Wilde: Die Nachtigall und die Rose, aus: O. W.: Märchen und Erzählungen. Winkler Verlag, München 1976.

Bildnachweis

S. 4: © Jan Saudek / Courtesy Torch, Amsterdam.

S. 6: Postkarte mit Aufklebern, 1990, Holland Introduct Isselstein Utrecht.

S. 15: »Schenk mir dein Herz!«, Genrefoto um 1910, © Bildarchiv Preussischer Kulturbesitz.

S. 21: Paul Klee, Das Herz als Primäre Form, Zeichnung aus der »Unendlichen Naturgeschichte«.

S. 23: »Die Philosophische Kugel« aus: »Jakob Böhme's sämmtliche Werke«, Leipzig 1846 .

S. 31: HAP Grieshaber, »Herzauge«, 1937, Privatbesitz.

S. 33: »Belle, bonne, sage« von Baude Cordier. Französische Handschrift des späten 14. Jahrhunderts.

S. 41: Kupferstich aus »Das Herz des Menschen, ein Tempel Gottes oder eine Werkstätte des Satans«, Wien 1846.

S. 49: Russische Trachten- und Soldatenkarte, Naumburg um 1825, © Bildarchiv Preussischer Kulturbesitz.

S. 61: Jim Dine, »Red Design for Satin Heart«, © The Pace Gallery, N. Y.

S. 68: Emil Nolde, Vignette, um 1896.

S. 71: Werbeplakat, ca. 1910, Sammlung M.&L. Dathe.

S. 88: Edvard Munch, »Das Mädchen und das Herz«, Radierung, 1896.

S. 115: »Colette feiert Geburtstag«, Foto Walter Carone, © Paris Match.

S. 117: »Good Morning No. 2«, © Letizia Volpi, 1991.

S. 136: »Mann, der das eigene Herz ißt«, Holzschnitt, um 1500.

S. 139: © Isolde Ohlbaum.

S. 145: Längsschnitt durch ein Herz, Pathologisches Institut der Ruprecht-Karls-Universität, Heidelberg.

S. 149: Herzschrittmacher 60er bis 80er Jahre, Deutsches Hygiene-Museum, Dresden.

S. 150: Ivo Saliger, »Der Röntgenologe schießt mit Röntgenstrahlen auf den Tod«, Radierung, um 1921, Graphiksammlung der Heinrich-Heine-Universität, Düsseldorf.

S. 164: Paul Klee, »Ein Herz, welches noch fehlte«, 1939, Bleistift auf Papier, Kunstmuseum Bern.

S. 168: Trude Friedrich, »Drei Herzen«, Siebdruck/Offset, 1996.

S. 178: Jurr Pool, »Die Anatomen C. Bockelmann und Jan Six«, 1699, Öl auf Leinwand, Museum Boerhaave, Leiden.

S. 181: Petra Kasten, »Herz«, Kabel, gewickelt, 1996.

S. 185: Elvira Bach, »Herz-As«, Radierung 1996. © Graphik International GmbH, Stuttgart.

S. 187: Elke Laske-Schüler, Zeichnung aus der Autobiographie »Mein Herz«.

S. 193: »Hearts of stone«, © Letizia Volpi, 1991.

Inhalt

Herz, patriotisch

Herzeleid

Herzragout

Das Herz der Pflanzen

Wenn mein Herz gesund wär

Futurologie

Erste Auflage 1997

Umschlaggestaltung: Michael Keller, München
Satz: Reinhard Amann, Aichstetten
Druck und Bindung: Pustet, Regensburg
ISBN 3-88897-185-3